大方廣佛華嚴經

일러두기

1. 『대방광불화엄경 강설』 원문原文의 저본底本은 근세에 교정이 가장 잘 되었다고 정평
   이 나 있는 대만臺灣의 불타교육기금회佛陀敎育基金會에서 출판한 『화엄경소초華嚴經
   疏鈔』본입니다.

2. 『대방광불화엄경 강설』은 실차난타實叉難陀가 695년부터 699년까지 4년에 걸쳐
   번역해 낸 80권본卷本 『대방광불화엄경』을 우리말로 옮기고 강설을 붙인 것입니다.

3. 『대방광불화엄경』은 애초 산스크리트에서 한역漢譯된 경전이지만 현재 산스크리트
   본은 소실된 상태입니다. 산스크리트를 음차한 경우 굳이 원래 소리를 표기하려고
   하기보다는 『표준국어대사전』이나 『불교사전』 등에 등재된 한자음을 사용하는 것
   을 원칙으로 하였습니다.

4. 경문의 한글 번역은 동국역경원본을 참고하여 그대로 또는 첨삭을 하며 의미대로
   번역하고 다듬었습니다.

5. 각 품마다 내용에 따라 단락을 나누고 제목을 달았습니다. 단락의 제목은 주로
   청량淸凉스님의 견해에 기초하였고 이통현李通玄장자의 견해를 참고로 하였습니다.

6. 『대방광불화엄경 강설』의 발행 순서는 한역 경전의 편재 순서를 기준으로 하였고 각
   권은 단행본 한 권씩으로 출간될 예정이며 모두 80권으로 완간됩니다. 다만 80권본
   에 빠져 있는 「보현행원품」은 80권본 완역 및 강설 후 시리즈에 포함돼 추가될 예정
   입니다.

7. 『대방광불화엄경 강설』 안에서 불교용어를 풀이한 것은 운허스님이 저술하고 동국
   역경원에서 편찬한 『불교사전』을 인용하였습니다.

8. 각주의 청량스님의 소疏는 대만에서 입력한 大方廣佛華嚴經 사이트의 것을 사용하
   였습니다.

9. 『대방광불화엄경 강설』 입법계품에 들어가는 문수지남도는 북송北宋시대 불국佛國
   선사가 선재동자가 53명의 선지식을 친견하여 법을 구하는 장면을 하나하나 그림
   으로 그린 것입니다.

대방광불화엄경 강설
제 63 권

三十九. 입법계품入法界品 4

실차난타實叉難陀 한역
무비스님 강설

서문

거룩하신 선지식善知識이시여,

저희들이 이제 선지식과 한데 모였으니

이것은 저희들이 광대하고 훌륭한 이익을 얻은 것입니다.

왜냐하면 선지식은 친견하기도 어렵고

선지식은 그 이름을 듣기도 어렵고

선지식은 세상에 나타나기도 어렵고

선지식은 받들어 섬기기도 어렵고

선지식은 가까이 모시기도 어렵고

신지식은 마주 대하여 뵙기도 어렵고

선지식은 만나기도 어렵고

선지식은 함께 있기도 어렵고

선지식은 기쁘게 하기도 어렵고

선지식은 따라다니기도 어려운데
저희들은 이제 만났사오니
이것은 훌륭한 이익을 얻은 것입니다.

이와 같은 선지식은 누구이며 어디에 계시는 분입니까.
지금 여기에서 마주하고 있는 대방광불화엄경이
곧 그와 같은 선지식입니다.
부디 지혜의 눈을 뜨고 달리 찾지 마십시오.

2017년 6월 15일

신라 화엄종찰 금정산 범어사

如天 無比

대방광불화엄경 목차

대방광불화엄경 강설 제63권

三十九. 입법계품入法界品 4

【 지말법회의 53선지식 】

【 십주위 선지식 】

대방광불화엄경 강설

제63권

三十九. 입법계품 4

문수지남도 제5, 선재동자가 미가장자를 친견하다.

5. 미가장자彌伽長子

제4 생귀주生貴住 선지식

1) 미가장자를 뵙고 법을 묻다

(1) 법문을 생각하며 선지식을 찾다

이 시   선 재 동 자   일 심 정 념 법 광 명 법 문
爾時에 **善財童子**가 **一心正念法光明法門**하고

심 신 취 입   전 념 어 불   부 단 삼 보   탄 리 욕
深信趣入하며 **專念於佛**하며 **不斷三寶**하며 **歎離欲**

성
性하야

그때에 선재동자가 한결같은 마음으로 법 광명 법문
을 바르게 생각하여 깊은 믿음으로 들어가서 부처님을
오로지 생각하여 삼보三寶를 끊어지지 않게 하며, 욕심
을 여읜 성품을 찬탄하고,

염 선 지 식　　보 조 삼 세　　억 제 대 원　　보 구
念善知識하며 **普照三世**하야 **憶諸大願**하며 **普救**

중 생　　불 착 유 위　　구 경 사 유 제 법 자 성
衆生호대 **不着有爲**하며 **究竟思惟諸法自性**하며

선지식을 생각하며, 세 세상을 널리 비추어 모든 큰 서원을 기억하며, 중생들을 두루 구제하되 함이 있는 데 집착하지 않고 구경까지 모든 법의 자성을 생각하며,

실 능 엄 정 일 체 세 계　　어 일 체 불 중 회 도 량
悉能嚴淨一切世界하며 **於一切佛衆會道場**에

심 무 소 착　　점 차 남 행　　지 자 재 성　　구 멱 미
心無所着하고 **漸次南行**하야 **至自在城**하야 **求覓彌**

가
伽하니라

모든 세계를 다 깨끗이 장엄하고, 여러 부처님의 대중이 모인 도량에 마음이 집착하지 아니하면서 점점 남쪽으로 가다가 자재성自在城에 이르러 미가를 찾았습니다.

선지식을 찾으러 가는 동안 무엇을 생각해야 할 것인가.

한결같은 마음으로 법 광명 법문을 바르게 생각하고, 부처님을 오로지 생각하고, 삼보三寶를 끊어지지 않게 하고, 선지식을 생각하는 등 생각해야 할 것이 매우 많다. 그와 같은 마음으로 점점 남쪽으로 가서 미가장자彌伽長子를 찾았다.

(2) 미가장자에게 보살의 도를 묻다

내 견 기 인   어 시 사 중   좌 어 설 법 사 자 지 좌
乃見其人이 **於市肆中**에 **坐於說法獅子之座**하사

십 천 인 중   소 공 위 요   설 륜 자 장 엄 법 문
十千人衆의 **所共圍繞**로 **說輪字莊嚴法門**하고

이에 그 사람이 시장 가운데서 법을 말하는 사자좌에 앉아 있는 것을 보니, 십천 사람들에게 둘러싸여 바퀴 륜자輪字 장엄법문을 연설하고 있었습니다.

륜자輪字 장엄법문이 정확하게는 무엇인지 알 수 없으나 일반적으로 륜자輪字 법문에 여러 가지가 있는데 대표적인 것이 팔륜八輪이다. 팔정도八正道를 말하는데, 바큇살[輻]과 바퀴통[轂]과 바퀴테[輞]가 서로 도와서 한 수레바퀴가 이루어지듯

이 정견正見·정사正思·정정진正精進·정념正念의 넷은 바큇살이

되고, 정어正語·정업正業·정명正命은 바퀴통이 되고, 정정正定

은 바퀴테가 되어 서로 도와서 정도正道를 이룬다. 우리가 이

것을 의지하여 열반의 저 언덕에 이를 수 있으므로 팔륜八輪

이라 한다.

時에 善財童子가 頂禮其足하며 繞無量帀하고 於

前合掌하야 而作是言호대

그때에 선재동자가 그의 발 아래 엎드려 절하고 한

량없이 돌고 앞에서 합장하고 말하였습니다.

聖者여 我已先發阿耨多羅三藐三菩提心호니

而我未知菩薩이 云何學菩薩行이며 云何修菩薩道며

"거룩하신 이여, 저는 이미 먼저 아뇩다라삼먁삼보리심을 내었습니다. 그러나 저는 알지 못합니다. 보살이 어떻게 보살의 행을 배우며, 어떻게 보살의 도를 닦습니까?"

보리심을 발한 보살은 어떤 선지식을 만나더라도 오로지 보살행을 묻고 보살도를 묻는다. 앞에서 몇 번 물었더라도 더욱 심화하는 뜻에서다. 또한 다른 사람들에게 더욱 견고히 하고 더욱 분명하게 하며 더욱 확실하게 해야 한다는 것을 보여 주는 의미에서 또 물은 것이다. 불법에 보살행과 보살도 말고 달리 무엇이 있겠는가.

운 하 유 전 어 제 유 취　　상 불 망 실 보 리 지 심
云何流轉於諸有趣호대 **常不忘失菩提之心**이며

운 하 득 평 등 의　　견 고 부 동　　운 하 획 청 정 심
云何得平等意하야 **堅固不動**이며 **云何獲淸淨心**하야

무 능 저 괴
無能沮壞며

"어떻게 하여 여러 생사의 길[諸有趣]에 헤매면서도 보리심을 항상 잊지 아니하며, 어떻게 평등한 뜻을 얻어 견고하여 흔들리지 않으며, 어떻게 청정한 마음을 얻고 능히 파괴할 이 없을 수 있습니까?"

운하생대비력　　　항불로피　　운하입다라니
云何生大悲力하야 恒不勞疲며 云何入陀羅尼

보득청정　　　운하발생지혜광대광명　　어
하야 普得淸淨이며 云何發生智慧廣大光明하야 於

일체법　　이제암장
一切法에 離諸闇障이며

"어떻게 크게 가엾이 여기는 힘을 내어 항상 고달프지 않으며, 어떻게 다라니에 들어가서 두루 청정함을 얻으며, 어떻게 지혜의 광대한 광명을 내어 일체 법에 모든 어두움을 여읠 수 있습니까?"

운하구무애해변재지력　　　결료일체심심의
云何具無礙解辯才之力하야 決了一切甚深義

장　　운 하 득 정 념 력　　억 지 일 체 차 별 법 륜
藏이며 云何得正念力하야 憶持一切差別法輪이며

"어떻게 걸림 없는 이해와 변재의 힘을 얻어 모든 깊은 이치의 곳집을 분명히 알며, 어떻게 바로 기억하는 힘을 얻어 모든 차별한 법륜을 기억하여 가집니까?"

　　운 하 득 정 취 력　　어 일 체 취　　보 연 제 법　　운
云何得淨趣力하야 於一切趣에 普演諸法이며 云

하 득 지 혜 력　　어 일 체 법　　실 능 결 정 분 별 기 의
何得智慧力하야 於一切法에 悉能決定分別其義
리잇고

"어떻게 길을 깨끗하게 하는 힘을 얻어 모든 길에서 모든 법을 두루 연설하며, 어떻게 지혜의 힘을 얻어 일체 법을 능히 결정하고 그 이치를 분별합니까?"

말의 표현은 조금씩 다르지만 모두가 보살행이며 보살도다. 비록 다음에 또 다른 선지식을 만나더라도 보리심을 발한 사람의 질문은 언제나 보살행이며 보살도여야 한다.

2) 미가장자가 법을 설하다

(1) 선재동자를 공경 공양하고 보리심을 찬탄하다

爾時에 彌伽가 告善財言하사대 善男子야 汝已發
阿耨多羅三藐三菩提心耶아 善財가 言호대 唯라
我已先發阿耨多羅三藐三菩提心호이다

그때에 미가가 선재에게 말하였습니다. "선남자여, 그대는 아뇩다라삼먁삼보리심을 이미 내었습니까?" 선재가 말하였습니다. "그렇습니다. 저는 이미 아뇩다라삼먁삼보리심을 먼저 내었습니다."

彌伽가 遽卽下獅子座하사 於善財所에 五體投
地하사 散金銀華와 無價寶珠와 及以上妙碎末栴

檀하며 無量種衣하야 以覆其上하며 復散無量種種

香華와 種種供具하야 以爲供養하고 然後起立하야 而

稱歎言하사대

미가는 문득 사자좌에서 내려와 선재가 있는 데서 오체五體를 땅에 던지고 금꽃과 은꽃과 값으로 매길 수 없는 보배와 훌륭한 가루 전단향을 흩으며, 한량없는 여러 가지 옷을 그 위에 덮고, 또 한량없는 가지가지 향과 꽃과 가지가지 공양거리를 흩어서 공양하고 일어서서 칭찬하였습니다.

善哉善哉라 善男子야 乃能發阿耨多羅三藐

三菩提心이로다 善男子야 若有能發阿耨多羅三藐

三菩提心이면 則爲不斷一切佛種이며 則爲嚴淨

일 체 불 찰　　즉 위 성 숙 일 체 중 생
一切佛刹이며 **則爲成熟一切衆生**이며

"훌륭하고 훌륭하여라. 선남자여, 그대가 능히 아뇩다라삼먁삼보리심을 내었습니다. 선남자여, 만일 능히 아뇩다라삼먁삼보리심을 내는 이는 모든 부처님의 종자를 끊지 않음이 되며, 모든 부처님의 세계를 청정하게 함이 되며, 일체 중생을 성숙하게 함이 됩니다."

미가장자가 보리심을 발한 뜻에 대해서 하나하나 밝혀 나간다. 부처님을 친견하면 반드시 예경하고, 공양 공경 존중 찬탄하는 것이다. 미가장자가 보리심을 발한 선재동자를 만나고는 부처님을 만난 것과 꼭 같이 하였다. 이와 같은 본보기를 잊지 말고 언제나 모든 사람을 만날 때마다 그렇게 해야 할 것이다. 보살의 사람에 대한 이와 같은 태도가 없다면 어찌 보살이라 하겠는가.

보리심을 발한 이를 보살이라 하고 부처님의 종자라 한다. 보리심을 발한 보살이 세상을 청정하게 하며, 일체 중생을 교화하고 성숙하게 한다.

즉 위 요 달 일 체 법 성   즉 위 오 해 일 체 업 종
則爲了達一切法性이며 **則爲悟解一切業種**이며

즉 위 원 만 일 체 제 행   즉 위 부 단 일 체 대 원   즉
則爲圓滿一切諸行이며 **則爲不斷一切大願**이며 **則**

여 실 해 이 탐 종 성
如實解離貪種性이며

"모든 법의 성품을 통달함이 되며, 모든 업의 종자를 깨달음이 되며, 일체 모든 행을 원만하게 함이 되며, 일체 큰 서원을 끊지 않음이 되며, 곧 탐욕을 여읜 성품을 사실대로 이해함이 됩니다."

보리심을 발한 사람에게는 불법의 모든 뜻이 다 포함되어 있다. 보리심은 불법의 마음이며 부처님의 마음이다. 부처님의 마음 안에 무엇이 없겠는가.

즉 능 명 견 삼 세 차 별   즉 령 신 해   영 득 견 고
則能明見三世差別이며 **則令信解**로 **永得堅固**며

즉 위 일 체 여 래 소 지   즉 위 일 체 제 불 억 념   즉
則爲一切如來所持며 **則爲一切諸佛憶念**이며 **則**

여 일 체 보 살 평 등
與一切菩薩平等이며

"능히 세 세상에 차별한 것을 분명히 보고, 믿는 지혜를 영원히 견고하게 하며, 곧 모든 여래의 거두어 주심이 되며, 일체 모든 부처님의 생각함이 되며, 모든 보살과 평등합니다."

보리심을 발한 사람은 일체 모든 부처님의 생각함이 되며, 이미 모든 보살과 평등하다. 그러므로 보살이란 다른 뜻이 아니다. 보리심을 발한 사람이라는 뜻이다.

즉 위 일 체 현 성 찬 희   즉 위 일 체 범 왕 예 근
則爲一切賢聖讚喜며 則爲一切梵王禮覲이며

즉 위 일 체 천 주 공 양   즉 위 일 체 야 차 수 호   즉
則爲一切天主供養이며 則爲一切夜叉守護며 則

위 일 체 나 찰 시 위
爲一切羅刹侍衛며

"일체 성현의 찬탄함이 되며, 모든 범천왕이 예배함

이 되며, 모든 천왕이 공양함이 되며, 모든 야차의 수호함이 되며, 모든 나찰의 호위함이 됩니다."

즉위일체용왕영접 즉위일체긴나라왕
則爲一切龍王迎接이며 則爲一切緊那羅王의

가영찬탄 즉위일체제세간주 칭양경열
歌詠讚歎이며 則爲一切諸世間主의 稱揚慶悅이며

"모든 용왕의 영접함이 되며, 모든 긴나라왕의 노래하여 찬탄함이 되며, 일체 모든 세상의 주인들이 칭찬하고 경축함이 됩니다."

즉영일체제중생계 실득안은 소위영사
則令一切諸衆生界로 悉得安隱이니 所謂令捨

악취고 영출난처고 단일체빈궁근본고 생
惡趣故며 令出難處故며 斷一切貧窮根本故며 生

일체천인쾌락고
一切天人快樂故며

"일체 모든 중생세계를 편안하게 하나니, 이른바 나

쁜 길을 버리게 하는 연고며, 어려운 데서 벗어나게 하는 연고며, 모든 가난의 근본을 끊는 연고며, 모든 천신과 사람들이 쾌락하는 연고입니다."

보리심을 발하면 곧 일체 모든 중생세계를 편안하게 하여 모든 나쁜 길을 버리게 하며, 어려운 데서 벗어나게 하며, 모든 가난의 근본을 끊게 한다. 무슨 문제인들 해결하지 못하겠는가.

우선지식친근고   문광대법수지고   생보리
遇善知識親近故며 聞廣大法受持故며 生菩提

심고   정보리심고   조보살도고   입보살지고
心故며 淨菩提心故며 照菩薩道故며 入菩薩智故며

주보살지고
住菩薩地故니라

"선지식을 만나 친근하는 연고며, 광대한 법을 듣고 받아 지니는 연고며, 보리심을 내는 연고며, 보리심을 청정하게 하는 연고며, 보살의 길을 비추는 연고며, 보

살의 지혜에 들어가는 연고며, 보살의 지위에 머무는
연고입니다."

　보리심을 발한 사람은 다시 또 무수한 선지식을 만나게
된다. 보리심이 없는 사람이 어찌 선지식을 찾겠는가. 선지
식을 만나므로 광대한 법문을 듣게 되고, 또 다시 새로운 보
리심을 내게 되고, 보리심을 청정하게 하고, 보리심으로 보
살의 길을 더욱 밝게 비추게 되고, 보살의 지혜에 들어가게
되고, 궁극에는 보살의 지위에 머무르게 된다. 보리심을 발
한다는 것은 이와 같은 큰 공덕이 따른다.

(2) 보살은 모든 중생들이 의지하는 곳이다

善男子야 應知菩薩의 所作이 甚難하야 難出難
値요 見菩薩者는 倍更難有라

　"선남자여, 응당히 알아야 합니다. 보살의 하는 일이
매우 어려우니, 나타나기도 어렵고 만나기도 어려우며,

보살을 친견하기는 배나 더 어렵습니다."

보살은 무엇을 하는가. 일체 중생을 교화하고 조복하고 세상을 평화롭게 한다. 세상의 일체 부정과 부패와 비리와 악을 모두 제거하고 정직과 인의예지와 선한 일만 있게 한다. 세상을 빠짐없이 평화롭게 한다. 그러므로 그런 사람은 나타나기가 매우 어렵다. 설사 그런 사람이 나타났다 하더라도 만나기 어렵고 제대로 친견하기는 더욱 어렵다.

　보 살　위 일 체 중 생 시 호　　생 장 성 취 고
菩薩이 **爲一切衆生恃怙**니 **生長成就故**며

"보살은 일체 중생의 믿음이 되나니, 낳고 기르고 성취하는 연고입니다."

보살은 일체 중생의 믿음이 된다. 일체 중생은 보살을 믿으므로 태어나고 성장하고 또 사람이 되어 가는 것이다.

위 일 체 중 생 중 제　　발 제 고 난 고
爲一切衆生拯濟니 **拔諸苦難故**며

"일체 중생을 건짐이 되나니, 모든 괴로움에서 빼내는 연고입니다."

또 보살은 일체 중생이 온갖 고통에 빠져 있을 때 모두 건져 주는 사람이다. 보살이 아니고 누가 그런 일을 하겠는가.

위 일 체 중 생 의 처　　수 호 세 간 고
爲一切衆生依處니 **守護世間故**며

"일체 중생의 의지할 곳이 되나니, 세간을 수호하는 연고입니다."

위 일 체 중 생 구 호　　영 면 포 외 고
爲一切衆生救護니 **令免怖畏故**며

"일체 중생을 구호함이 되나니, 공포심을 면하게 하는 연고입니다."

또 보살은 일체 중생의 의지처가 되고, 일체 중생의 구호함이 된다. 이 시대의 살아 있는 관세음보살이라고 하는 대만의 증엄證嚴스님은 실로 힘들고 고통받는 중생의 의지처가 되며, 재난을 만나 집도 절도 없는 수많은 사람들을 구호하고 있다.

보살 여풍륜 지제세간 불영타락악취 고
菩薩이 如風輪이니 持諸世間하야 不令墮落惡趣故며

"보살은 바람둘레[風輪]와 같으니, 모든 세간을 유지하여 나쁜 길에 떨어지지 않게 하는 연고입니다."

여기서부터는 보살의 여러 가지 역할을 비유하였다. 보살은 바람둘레[風輪]와 같아서 모든 세간을 유지하여 나쁜 길에 떨어지지 않게 한다. 바람둘레란 이 우주를 받들고 있는 맨 밑부분의 바람바퀴다. 바람바퀴 위에는 수륜水輪이라는 물바퀴가 있고, 그 위에는 큰 연꽃이 있고, 그 연꽃 위에 20

층 화장장엄세계가 있다고 화장세계품에서 설하였다. 보살은 세상 사람들을 잘 유지하고 간수하여 악한 길에 떨어지지 않게 하는 것이 마치 바람둘레와 같다.

여 대 지　증 장 중 생 선 근 고
如大地니 **增長衆生善根故**며

"큰 땅과 같으니, 중생들의 착한 뿌리를 증장케 하는 연고입니다."

보살은 또 큰 땅과 같아서 중생들의 착한 뿌리를 증장케 하며, 일체 선근의 씨앗을 심게도 한다. 그러므로 큰 땅을 보면 보살이 중생들의 선근을 증장시킴을 생각해야 하리라. 이와 같이 보살은 중생들의 선근을 자라게 하는 것이 마치 큰 땅과도 같다. 보살의 가르침만을 따른다면 일체 선근이 쑥쑥 자라리라.

여 대 해　복 덕 충 만 무 진 고
如大海니 **福德充滿無盡故**며

"큰 바다와 같으니, 복덕이 충만하여 다하지 않는 연고입니다."

보살은 또 복덕이 충만하여 다하지 않는 것이 마치 큰 바다와 같다. 저 태평양 바다를 보라. 보살에게는 복덕이 충만한 것이 마치 저 태평양 바다와 같다.

여 정 일　지 혜 광 명 보 조 고
如淨日이니 **智慧光明普照故**며

"밝은 해와 같으니, 지혜의 광명이 널리 비치는 연고입니다."

보살은 또 지혜의 광명이 널리 비치는 것이 마치 밝은 태양과 같다. 얼마나 눈부시고 얼마나 밝으며 얼마나 뜨거운가.

여 수 미   선 근 고 출 고
如須彌니 **善根高出故**며

"수미산과 같으니, 착한 뿌리가 높이 솟아난 연고입
니다."

보살은 또 선근이 높이 솟은 것이 마치 수미산과 같다.
이 세상에서 가장 높은 산이 수미산이다. 해와 달도 그 수미
산 중턱에서 돌고 있다고 하였다. 보살의 선근 수미산은 얼
마나 높은가.

수미산須彌山의 사전적 해석이다. 범어로는 수미루須彌樓·
修迷樓·소미로蘇迷盧, 줄여서 미로迷盧라고도 한다. 번역하여
묘고妙高·묘광妙光·안명安明·선적善積이라 한다. 4주세계
의 중앙이다. 금륜金輪 위에 우뚝 솟은 높은 산인데, 둘레에
7산山 8해海가 있고, 또 그 밖에 철위산이 둘러 있어 물속에
잠긴 것이 8만 유순이며, 물 위에 드러난 것이 8만 유순이며,
꼭대기에 제석천이 있고, 중턱에는 4왕천의 주처住處가 있다
고 하였다.

여 명 월　　지 광 출 현 고
如明月이니 **智光出現故**며

"밝은 달과 같으니, 지혜의 빛이 나타나는 연고입니다."

보살은 또 지혜의 광명이 밝게 나타난 것이 마치 밝은 달과 같다. 달이 밝은 밤에는 그 달빛을 이용해서 경을 읽을 수도 있다.

여 맹 장　　최 복 마 군 고
如猛將이니 **摧伏魔軍故**며

"용맹한 장수와 같으니, 마군의 군중을 굴복시키는 연고입니다."

보살은 또 마군의 군중을 굴복시키는 것이 마치 용맹한 장수와 같다.

여 군 주　　불 법 성 중　　득 자 재 고
如君主니 **佛法城中**에 **得自在故**며

"임금과 같으니, 불법의 성중城中에서 마음대로 하는
연고입니다."

보살은 또 불법의 성중에서 자유자재한 것이 마치 임금
과도 같다. 옛 군주시대에는 사람들의 생사여탈이 모두 임
금의 손에 달려 있었다. 하물며 다른 일이야 오죽했겠는가.
보살은 불법의 성중에서 마치 그와 같다.

여 맹 화　　소 진 중 생 아 애 심 고
如猛火니 **燒盡衆生我愛心故**며

"맹렬한 불과 같으니, 중생들의 자기를 애착하는 마
음을 태워 없애는 연고입니다."

보살은 또 중생들의 자기를 애착하는 마음을 태워 없애
는 것이 마치 맹렬한 불과 같다.

여 대 운   강 주 무 량 묘 법 우 고
如大雲이니 **降霆無量妙法雨故**며

"큰 구름과 같으니, 한량없는 미묘한 법의 비를 내리
는 연고입니다."

보살은 또 미묘한 법의 비를 한량없이 내리는 것이 마치
큰 구름과도 같다. 큰 구름에서 장맛비를 쏟아부으면 산도
들도 마을도 다 떠내려간다. 보살이 쏟아붓는 법의 비에 떠
내려가지 않는 중생들의 번뇌와 미혹과 고통이 어디 있겠
는가.

여 시 우   증 장 일 체 신 근 아 고
如時雨니 **增長一切信根芽故**며

"때 맞춰 오는 비와 같으니, 모든 믿음의 뿌리와 싹
을 자라게 하는 연고입니다."

보살은 또 모든 믿음의 뿌리와 싹을 자라게 하는 것이 마
치 때를 맞추어 내리는 비와 같다.

여 선 사　시 도 법 해 진 제 처 고
如船師니 **示導法海津濟處故**며

"배의 선장과 같으니, 법의 바다에 나루를 보여 인도하는 연고입니다."

보살은 또 법의 바다에 나루를 보여 인도하는 것이 마치 지혜로운 배의 선장과도 같다.

여 교 량　　영 기 득 도 생 사 해 고
如橋梁이니 **令其得度生死海故**니라

"다리[橋梁]와 같으니, 생사의 바다를 건너게 하는 연고입니다."

보살은 또 중생들의 생사의 바다를 건너게 하는 것이 마치 크고 넓은 다리와 같다.

미가 　여시찬탄선재 　영제보살 　개환희
彌伽가 如是讚歎善財하사 令諸菩薩로 皆歡喜

이 　종기면문 　출종종광 　보조삼천대천
已하고 從其面門하야 出種種光하사 普照三千大千

세계 　기중중생 　우사광이 　제용신등 　내
世界한대 其中衆生이 遇斯光已에 諸龍神等과 乃

지범천 　실개래 지 미 가 지 소
至梵天이 悉皆來至彌伽之所어늘

　미가가 이와 같이 선재동자를 찬탄하여 모든 보살들
을 기쁘게 하고, 얼굴에서 갖가지 광명을 놓아 삼천대
천세계를 널리 비추니, 그 가운데 있는 중생들이 이 광
명을 만나고는 모든 용과 신과 내지 범천들이 모두 다
미가가 있는 곳으로 모여 왔습니다.

　미가장자는 선재동자가 보리심을 발한 것을 찬탄하고,
보리심을 발한 이는 곧 보살이라고 하여 보살의 의미와 역할
에 대해서 여러 가지 비유를 들어 가며 찬탄하였다. 그리고
얼굴에 광명을 놓아 삼천대천세계를 비추니 그곳의 중생들
이 모두 미가장자가 있는 곳으로 모여들었다.

미가 대사　　즉 이 방편　　위 개 시 연 설 분 별 해
彌伽大士가 **卽以方便**으로 **爲開示演說分別解**

석 륜 자 품 장 엄 법 문　　피 제 중 생　　문 차 법 이
釋輪字品莊嚴法門하시니 **彼諸衆生**이 **聞此法已**하고

개 어 아 뇩 다 라 삼 먁 삼 보 리　　득 불 퇴 전
皆於阿耨多羅三藐三菩提에 **得不退轉**하나니라

미가대사大士는 곧 방편으로 바퀴 륜자품輪字品의 장엄
법문을 보여서 연설하고 분별하여 해석하니, 저 모든
중생들이 이 법문을 듣고는 모두 아뇩다라삼먁삼보리에
서 물러나지 않게 되었습니다.

경문이 여기에 이르러 미가장자를 미가대사大士, 곧 미가
보살이라고 하였다. 미가보살이 방편으로 바퀴 륜자품의 장
엄법문을 보여서 연설하고 분별하여 해석하니, 저 모든 중생
들이 이 법문을 듣고는 모두 가장 높은 깨달음에서 물러나
지 않게 되었다.

(3) 모든 음성 다라니를 얻다

彌伽_가 於是_에 還昇本座_{하사} 告善財言_{하사대} 善

彌伽가 **於是**에 **還昇本座**하사 **告善財言**하사대 **善**

男子야 我已獲得妙音陀羅尼하야 能分別知三千

男子야 **我已獲得妙音陀羅尼**하야 **能分別知三千**

大千世界中諸天語言과 諸龍夜叉와 乾闥婆와 阿

大千世界中諸天語言과 **諸龍夜叉**와 **乾闥婆**와 **阿**

修羅와 迦樓羅와 緊那羅와 摩睺羅伽와 人與非人

修羅와 **迦樓羅**와 **緊那羅**와 **摩睺羅伽**와 **人與非人**

과 及諸梵天의 所有語言하며

과 **及諸梵天**의 **所有語言**하며

미가가 이에 다시 본래의 자리에 올라앉아 선재에게
말하였습니다. "선남자여, 나는 이미 묘한 음성 다라니
를 얻었으므로 삼천대천세계에 있는 모든 하늘들의 언
어와 용과 야차와 건달바와 아수라와 가루라와 긴나라
와 마후라가와 사람과 사람 아닌 이와 모든 범천들의
언어를 능히 분별하여 압니다."

여 차 삼 천 대 천 세 계　　시 방 무 수　　내 지 불 가
如此三千大千世界하야 **十方無數**와 **乃至不可**

설 불 가 설 세 계　　실 역 여 시
說不可說世界도 **悉亦如是**로라

"이 삼천대천세계와 같이 시방의 수없는 세계와 내지 말
할 수 없이 말할 수 없는 세계들도 다 또한 이와 같습니다."

미가장자가 스스로 얻은 법을 밝히는 내용이다. 묘한 음
성 다라니를 얻어 삼천대천세계에 있는 모든 하늘의 언어와
용과 야차와 건달바와 아수라와 가루라와 긴나라와 마후
라가와 사람과 사람 아닌 이와 모든 범천들의 언어를 능히
분별하여 알며, 또 그와 같이 시방의 무수한 세계의 언어들
을 다 분별하여 안다.

3) 자기는 겸손하고 다른 이의 수승함을 추천하다

선 남 자　　아 유 지 차 보 살 묘 음 다 라 니 광 명 법 문
善男子야 **我唯知此菩薩妙音陀羅尼光明法門**

여 제 보 살 마 하 살　　능 보 입 일 체 중 생　　종 종
이어니와 **如諸菩薩摩訶薩**은 **能普入一切衆生**의 **種種**

상 해　　종 종 시 설 해　　종 종 명 호 해　　종 종 어 언 해
想海와 **種種施設海**와 **種種名號海**와 **種種語言海**하며

"선남자여, 나는 다만 이 보살의 묘한 음성 다라니 광
명법문만을 알거니와 저 모든 보살마하살은 일체 중생의
가지가지 생각 바다와 가지가지 시설 바다와 가지가지
이름 바다와 가지가지 말씀 바다에 능히 널리 들어가고,

능 보 입 설 일 체 심 밀 법 구 해　　설 일 체 구 경 법
能普入說一切深密法句海와 **說一切究竟法**

구 해　　설 일 소 연 중 유 일 체 삼 세 소 연 법 구 해　　설
句海와 **說一所緣中有一切三世所緣法句海**와 **說**

상 법 구 해　　설 상 상 법 구 해　　설 차 별 법 구 해　　설
上法句海와 **說上上法句海**와 **說差別法句海**와 **說**

일 체 차 별 법 구 해
一切差別法句海하며

일체 깊은 비밀을 말하는 법구 바다[法句海]와, 모든 구경
을 말하는 법구 바다와, 하나의 인연에 일체 삼세의 인연이

대방광불화엄경 강설

있음을 말하는 법구 바다와, 상품을 말하는 법구 바다와,
상상품을 말하는 법구 바다와, 차별을 말하는 법구 바다와,
일체 차별을 말하는 법구 바다에 능히 두루 들어가며,

능 보 입 일 체 세 간 주 술 해   일 체 음 성 장 엄 륜
能普入一切世間呪術海와 **一切音聲莊嚴輪**과

일 체 차 별 자 윤 제   여 시 공 덕   아 금 운 하 능 지
一切差別字輪際하나니 **如是功德**을 **我今云何能知**

능 설
能說이리오

　모든 세간의 주술 바다와, 모든 음성의 장엄한 바퀴
와 모든 차별한 글자 바퀴의 경계에 능히 두루 들어가
나니, 이와 같은 공덕이야 내가 지금 어떻게 능히 알고
능히 말하겠습니까.”

　다른 선지식의 수승함을 이야기할 때에 밝히는 법의 내용
에 대해 스스로 모르는 일이라고 하지만 실은 스스로가 깊
이 이해하고 있는 것으로 짐작이 된다. 진실로 모르는 내용
이라면 조금도 언급할 수 없을 것이라고 여겨지기 때문이다.

4) 다음 선지식 찾기를 권유하다

선남자 종차남행 유일취락 명왈주림
善男子야 從此南行에 有一聚落하니 名曰住林

피유장자 명왈해탈 여예피문 보살
이요 彼有長者하니 名曰解脫이니 汝詣彼問호대 菩薩

운하수보살행 보살 운하성보살행 보
이 云何修菩薩行이며 菩薩이 云何成菩薩行이며 菩

살 운하집보살행 보살 운하사보살행
薩이 云何集菩薩行이며 菩薩이 云何思菩薩行이리잇
고하라

"선남자여, 여기서 남방으로 가면 한 마을이 있으니
이름이 주림住林이요, 거기에 장자가 있으니 이름이 해
탈解脫입니다. 그대는 그에게 가서 '보살이 보살의 행을
어떻게 닦으며, 보살이 보살의 행을 어떻게 이루며, 보
살이 보살의 행을 어떻게 모으며, 보살이 보살의 행을
어떻게 생각합니까?'라고 물으십시오."

다음의 선지식은 주림住林이라는 마을에 계시는 해탈解脫
이라는 장자이시다. 해탈장자에게 물어야 할 법은 또 무엇

44
대방광불화엄경 강설

일까. 보살행이다. 보살행을 어떻게 닦으며, 어떻게 이루며,
어떻게 모으며, 어떻게 생각하는가 하는 문제이다. 불법에서
보살행 외에 달리 무엇이 있겠는가. 명심하고, 명심하고, 또
명심해야 할 것이다.

이 시　　선 재 동 자　　이 선 지 식 고　　어 일 체 지 법
爾時에 **善財童子**가 **以善知識故**로 **於一切智法**

심 생 존 중　　심 식 정 신　　심 자 증 익　　예 미
에 **深生尊重**하며 **深植淨信**하며 **深自增益**하야 **禮彌**

가 족　　체 사 비 읍　　요 무 량 잡　　연 모 첨 앙
伽足하고 **涕泗悲泣**하며 **繞無量币**하며 **戀慕瞻仰**하고

사 퇴 이 행
辭退而行하니라

　그때에 선재동자가 선지식으로 말미암아 일체 지혜
의 법에 존중한 마음을 내고, 깨끗한 신심을 깊이 심고,
깊이 스스로 더 이익하여 미가의 발에 예배하고, 슬피
울어 눈물을 흘리며 수없이 돌고 사모하고 우러러보면
서 하직하고 물러갔습니다.

문수지남도 제6, 선재동자가 해탈장자를 친견하다.

6. 해탈장자 解脫長子

제5 구족방편주具方便住 선지식

1) 가르침을 의지하여 다음 선지식을 찾다

(1) 모든 보살의 갖가지 법의 문을 생각하다

이 시 선 재 동 자 사 유 제 보 살 무 애 해 다 라 니
爾時에 **善財童子**가 **思惟諸菩薩無礙解陀羅尼**

광 명 장 엄 문 심 입 제 보 살 어 언 해 문 억 념 제
光明莊嚴門하며 **深入諸菩薩語言海門**하며 **憶念諸**

보 살 지 일 체 중 생 미 세 방 편 문
菩薩知一切衆生微細方便門하며

이때에 선재동자는 모든 보살들의 걸림 없는 지혜
다라니의 광명으로 장엄한 문을 생각하며, 모든 보살들
의 말씀 바다 문에 깊이 들어갔으며, 모든 보살들이 일
체 중생을 아는 미세한 방편문을 기억하며,

관찰 제 보살 청정 심 문   성 취 제 보 살 선 근 광
觀察諸菩薩淸淨心門하며 成就諸菩薩善根光

명문   정 치 제 보 살 교 화 중 생 문   명 리 제 보 살
明門하며 淨治諸菩薩敎化衆生門하며 明利諸菩薩

섭 중 생 지 문
攝衆生智門하며

모든 보살들의 청정한 마음의 문을 관찰하며, 모든
보살들의 착한 뿌리의 광명문을 성취하며, 모든 보살
의 중생을 교화하는 문을 깨끗이 다스리며, 모든 보살
들의 중생을 거둬 주는 지혜의 문을 밝히며,

견 고 제 보 살 광 대 지 락 문   주 지 제 보 살 수 승
堅固諸菩薩廣大志樂門하며 住持諸菩薩殊勝

지 락 문   정 치 제 보 살 종 종 신 해 문   사 유 제
志樂門하며 淨治諸菩薩種種信解門하며 思惟諸

보 살 무 량 선 심 문
菩薩無量善心門하니라

모든 보살들의 광대하게 좋아하는 문을 견고히 하
며, 모든 보살들의 훌륭하게 좋아하는 문에 머물러 지

니며, 모든 보살들의 가지가지 믿고 이해하는 문을 깨끗이 다스리며, 모든 보살들의 한량없는 착한 마음의 문을 생각하였습니다.

선재동자가 다음의 선지식인 해탈장자解脫長子를 찾아가면서 그동안 수행한 법을 잊지 않기 위해서 사유하고 또 사유하는 광경이다. 열한 구절이 있는데 첫 구절이 전체적인 내용이라면 나머지 열 구절은 개별적인 내용이다. 선지식을 친견하거나 법문을 듣고 돌아가는 길에 어떠한 자세를 가져야 하는가를 생각하게 한다. 그동안 듣고 배운 것을 면밀히 검토하고 사유하여 잊지 않는 일밖에 무슨 다른 일이 있겠는가.

(2) 수행의 이익을 드러내다

서원견고 심무피염 이제갑주 이자장
誓願堅固하야 心無疲厭하며 以諸甲胄로 而自莊

엄 정진심심 불가퇴전 구불괴신
嚴하며 精進深心이 不可退轉하며 具不壞信하야

서원이 견고하여 고달픈 마음이 없으며, 모든 갑주로 스스로 장엄하며, 정진하는 깊은 마음은 퇴전할 수 없으며, 깨뜨릴 수 없는 신심을 갖추었습니다.

선재동자가 그동안 다섯 분의 선지식을 친견하면서 얻은 수행의 이익을 드러내어 밝히는 내용이다. 비록 일평생을 수행하는 사람이라도 한 분의 스승도 없는 사람이 있고, 한 사람이나 두 사람의 선지식을 모신 이도 있고, 많은 선지식을 모시고 공부한 사람도 있다. 선재동자는 벌써 다섯 분의 선지식을 친견하여 수행하였다. 그 이익이 얼마나 많겠는가.

기심견고　유여금강　급나라연　무능괴
其心堅固가 猶如金剛과 及那羅延하야 無能壞

자　　수지일체선지식교　어제경계　득불괴
者하며 守持一切善知識敎하야 於諸境界에 得不壞

지
智하며

마음이 견고하기가 마치 금강이나 나라연那羅延과 같아서 파괴할 이가 없으며, 일체 선지식의 가르침을 지니어 모든 경계에서 깨뜨릴 수 없는 지혜를 얻었습니다.

선재동자가 선지식을 친견하고 수행하여 얻은 이익을 드러내는 내용이 한 구절 한 구절 모두 뜻이 깊다. 나라연那羅延은 Nārāyaṇa 또는 나라연나那羅延那·나라야나那羅野拏인데, 번역하여 견고堅固·구쇄역사鉤鎖力士·인생본人生本이라고 한다. 천상의 역사力士로서 그 힘의 세기가 코끼리의 백만 배나 된다고 한다. 선재동자의 견고한 마음이 이와 같다.

보문청정 　　소행무애 　　지광원만 　　보조
普門淸淨하야 所行無礙하며 智光圓滿하야 普照

일체 　　구족제지 　　총지광명 　　요지법계 　종
一切하며 具足諸地의 總持光明하며 了知法界의 種

종차별 　　무의무주 　　평등무이
種差別하며 無依無住하야 平等無二하며

넓은 문이 청정하여 행하는 데 걸림이 없으며, 지혜

의 광명이 원만하여 모든 것을 두루 비추며, 모든 지위의 모두 지니는 광명[總持光明]을 구족하여 법계의 갖가지 차별을 알며, 의지함도 없고 머무름도 없어서 평등하여 둘이 없었습니다.

자성 청정　　이 보 장 엄　　어 제 소 행　　개 득
自性清淨하야 **而普莊嚴**하며 **於諸所行**에 **皆得**

구 경　　지 혜 청 정　　이 제 집 착
究竟하며 **智慧清淨**하야 **離諸執着**하며

자기의 성품이 청정하여 두루 장엄하고 모든 행하는 바가 끝까지 이르렀으며, 지혜가 청정하여 모든 집착을 여의었습니다.

지 시 방 차 별 법　　지 무 장 애　　왕 시 방 차 별
知十方差別法하야 **智無障礙**하며 **往十方差別**

처　　신 불 피 해　　어 시 방 차 별 업　　개 득 명 료
處호대 **身不疲懈**하며 **於十方差別業**에 **皆得明了**하며

어 시 방 차 별 불　　무 불 현 견　　　어 시 방 차 별 시
於十方差別佛에 **無不現見**하며 **於十方差別時**에

실 득 심 입
悉得深入하며

　시방의 차별한 법을 알아 지혜가 걸림이 없으며, 시
방의 차별한 곳에 가되 몸이 고달프지 않으며, 시방의
차별한 업을 다 분명히 알며, 시방의 차별한 부처님을
모두 다 환히 보며, 시방의 차별한 시간에 깊이 들어갔
습니다.

　선재동자가 선지식을 친견하고 수행하여 얻은 이익의 깊
이와 높이가 얼마나 되는지 알 수가 없어서 불가사의할 뿐
이다. 가히 부처님의 능력이며 대보살의 능력이다.

　청 정 묘 법　　충 만 기 심　　　보 지 삼 매　　　명 조 기
淸淨妙法이 **充滿其心**하며 **普智三昧**로 **明照其**

심　　　심 항 보 입 평 등 경 계
心하며 **心恒普入平等境界**하며

청정한 묘한 법이 마음에 가득 차고, 넓은 지혜의 삼매가 마음을 밝게 비추며, 마음이 평등한 경계에 항상 널리 들어갔습니다.

여래 지혜 지 소 조 촉　일 체 지 류　상 속 부 단
如來智慧之所照觸하며 **一切智流**가 **相續不斷**

약 신 약 심　불 리 불 법
하며 **若身若心**이 **不離佛法**하며

여래 지혜의 비추는 바이며, 일체 지혜의 흐름이 계속하여 끊어지지 않으며, 몸과 마음이 불법을 떠나지 않았습니다.

일 체 제 불　신 력 소 가　일 체 여 래　광 명 소 조
一切諸佛의 **神力所加**며 **一切如來**의 **光明所照**며

성 취 대 원　　원 신　주 변 일 체 찰 망　일 체 법 계
成就大願하야 **願身**이 **周徧一切刹網**하며 **一切法界**

보 입 기 신
가 **普入其身**하니라

일체 모든 부처님의 신통한 힘으로 가피加被하고, 일체 여래의 광명으로 비추어서 큰 서원을 성취하고, 서원의 몸이 모든 세계에 두루 하며, 일체 법계가 다 그 몸에 널리 들어갔습니다.

선재동자의 수행 이익이 이와 같음을 밝혔다. 결론으로 일체 모든 부처님의 신통한 힘으로 가피하였고, 일체 여래의 광명으로 비추어서 큰 서원을 성취하였고, 선재동자의 서원의 몸이 모든 세계에 두루 하며, 궁극에는 일체 법계가 다 선재동자의 몸에 널리 들어갔다. 달리 무엇을 더 언급하겠는가.

2) 해탈장자를 친견하고 법을 묻다

(1) 선지식을 친견하여 이익을 얻다

점 차 유 행 십 유 이 년　　지 주 림 성　　주 변 추 구
漸次遊行十有二年에 **至住林城**하야 **周徧推求**

해 탈 장 자　　기 득 견 이　　오 체 투 지　　기 립 합 장
解脫長者라가 **旣得見已**에 **五體投地**하며 **起立合掌**

　　　　백 언
하고 **白言**호대

　　점점 걸어서 12년 동안을 다니다가 주림성住林城에 이르러 해탈장자를 두루 찾았습니다. 이미 장자를 친견하고 나서 오체를 땅에 엎드려 절하고 일어서서 합장하고 말하였습니다.

　　해탈장자를 찾아오는 데는 12년이나 걸렸다. 몇 시간이나 하루 이틀이 걸려서 법회에 오는 것을 어찌 멀다 하겠는가. 오체투지五體投地는 오륜투지五輪投地·오륜착지五輪着地·거신투지擧身投地·투지례投地禮라고도 한다. 두 무릎·두 팔꿈치·이마의 5체를 땅에 붙여 예배하는 것이다. 인도에서는 최상의 예경에 해당하므로 그 관례를 따라 불교에서 행해지는 예경법이 되었다. 오늘날의 티베트불교에서는 오체투지하면서 몇 달, 몇 년을 성지를 찾아 순례하는 것을 흔히 볼 수 있다. 실로 부처님을 향한 뜨거운 정성이다.

성자 아금득여선지식회 시아획득광대
聖者여 我今得與善知識會가 是我獲得廣大

선리 하이고 선지식자 난가득견 난가
善利니 何以故오 善知識者는 難可得見이며 難可

득문 난가출현 난득봉사 난득친근
得聞이며 難可出現이며 難得奉事며 難得親近이며

난득승접 난가봉치 난득공거 난영희열
難得承接이며 難可逢値며 難得共居며 難令喜悅이며

난득수축 아금회우 위득선리
難得隨逐이어늘 我今會遇하니 爲得善利로소이다

"거룩하신 이여, 제가 이제 선지식과 한데 모였으니
이것은 제가 광대하고 훌륭한 이익을 얻은 것입니다. 왜
냐하면 선지식은 보기도 어렵고, 듣기도 어렵고, 나타
나기도 어렵고, 받들어 섬기기도 어렵고, 가까이 모시
기도 어렵고, 대하여 뵙기도 어렵고, 만나기도 어렵고,
함께 있기도 어렵고, 기쁘게 하기도 어렵고, 따라다니
기도 어려운데, 저는 이제 만났사오니 이것은 훌륭한
이익을 얻은 것입니다."

선지식을 12년 동안이나 찾아다니다가 이제 막 친견하

고는 드디어 함께하게 되어 큰 감격과 이익을 얻게 된 것을 밝혔다. 거듭 부연한다.

"거룩하신 선지식이시여, 저희들이 이제 선지식과 한데 모였으니 이것은 저희들이 광대하고 훌륭한 이익을 얻은 것입니다.

왜냐하면 선지식은 친견하기도 어렵고

선지식은 그 이름을 듣기도 어렵고

선지식은 세상에 나타나기도 어렵고

선지식은 받들어 섬기기도 어렵고

선지식은 가까이 모시기도 어렵고

신지식은 마주 대하여 뵙기도 어렵고

선지식은 만나기도 어렵고

선지식은 함께 있기도 어렵고

선지식은 기쁘게 하기도 어렵고

선지식은 따라다니기도 어려운데

저희들은 이제 만났사오니

이것은 훌륭한 이익을 얻은 것입니다."

(2) 보리심을 발한 까닭을 밝히다

聖者여 我已先發阿耨多羅三藐三菩提心호니

爲欲事一切佛故며 爲欲値一切佛故며 爲欲見一

切佛故며 爲欲觀一切佛故며 爲欲知一切佛故며

"거룩하신 이여, 저는 이미 먼저 아뇩다라삼먁삼보
리심을 내었습니다. 그것은 모든 부처님을 섬기기 위함
이며, 모든 부처님을 만나기 위함이며, 모든 부처님을
친견하기 위함이며, 모든 부처님을 관찰하기 위함이며,
모든 부처님을 알기 위함입니다."

爲欲證一切佛平等故며 爲欲發一切佛大願

故며 爲欲滿一切佛大願故며 爲欲具一切佛智光

故며 爲欲成一切佛衆行故며

"모든 부처님의 평등함을 증득하기 위함이며, 모든 부처님의 큰 서원을 내기 위함이며, 모든 부처님의 큰 서원을 만족하기 위함이며, 모든 부처님의 지혜의 빛을 갖추기 위함이며, 모든 부처님의 여러 가지 행을 이루기 위함입니다."

위욕득일체불신통고　위욕구일체불제력
爲欲得一切佛神通故며 **爲欲具一切佛諸力**
고　위욕획일체불무외고
故며 **爲欲獲一切佛無畏故**며

"모든 부처님의 신통을 얻기 위함이며, 모든 부처님의 여러 힘을 갖추기 위함이며, 모든 부처님의 두려움 없음을 얻기 위함입니다."

선재동자가 스스로 보리심을 발한 까닭을 하나하나 밝혀 가는데 여기까지는 부처님의 경계를 다하고자 하여 보리심을 발하였다는 내용이다.

위욕문일체불법고   위욕수일체불법고   위
爲欲聞一切佛法故며 爲欲受一切佛法故며 爲

욕지일체불법고   위욕해일체불법고   위욕호
欲持一切佛法故며 爲欲解一切佛法故며 爲欲護

일체불법고
一切佛法故며

"모든 부처님의 법을 듣기 위함이며, 모든 부처님의
법을 받기 위함이며, 모든 부처님의 법을 지니기 위함
이며, 모든 부처님의 법을 이해하기 위함이며, 모든 부
처님의 법을 보호하기 위함입니다."

보리심을 발한 까닭을 밝히는데 여기의 내용은 부처님의
경계 다음으로 법의 근원을 끝까지 다하고자 하는 까닭이
라고 하였다.

위욕여일체제보살중   동일체고   위욕여
爲欲與一切諸菩薩衆으로 同一體故며 爲欲與

일체보살선근   등무이고   위욕원만일체보
一切菩薩善根으로 等無異故며 爲欲圓滿一切菩

살 바 라 밀 고
薩波羅蜜故며

"일체 모든 보살 대중과 같은 몸이 되기 위함이며, 모든 보살의 착한 뿌리와 평등하여 다름이 없기 위함이며, 모든 보살의 바라밀다를 원만하게 하기 위함입니다."

선재동자가 보리심을 발한 까닭을 밝히는데 여기서부터 이하의 내용은 모든 보살행과 같게 하고자 하여 보리심을 발하였음을 밝혔다.

위 욕 성 취 일 체 보 살 소 수 행 고 　 위 욕 출 생 일
爲欲成就一切菩薩所修行故며 **爲欲出生一**

체 보 살 청 정 원 고 　 위 욕 득 일 체 제 불 보 살 위 신
切菩薩淸淨願故며 **爲欲得一切諸佛菩薩威神**

장 고 　 위 욕 득 일 체 보 살 법 장 무 진 지 혜 대 광 명
藏故며 **爲欲得一切菩薩法藏無盡智慧大光明**

고
故며

"모든 보살의 수행을 성취하기 위함이며, 모든 보살의 청정한 서원을 내기 위함이며, 일체 모든 부처님과 보살의 위신威神의 장藏을 얻기 위함이며, 모든 보살의 법장의 끝없는 지혜와 큰 광명을 얻기 위함입니다."

위 욕 득 일 체 보 살 삼 매 광 대 장 고   위 욕 성 취
爲欲得一切菩薩三昧廣大藏故며 爲欲成就

일 체 보 살 무 량 무 수 신 통 장 고   위 욕 이 대 비 장
一切菩薩無量無數神通藏故며 爲欲以大悲藏으로

교 화 조 복 일 체 중 생   개 령 구 경 도 변 제 고
教化調伏一切衆生하야 皆令究竟到邊際故며

"모든 보살의 삼매인 광대한 곳집을 얻기 위함이며, 모든 보살의 한량없고 수없는 신통의 곳집을 성취하기 위함이며, 크게 가엾이 여기는 곳집으로 모든 중생을 교화하고 조복해서 모두 구경에 저 경지에 이르게 하기 위함입니다."

위욕현현신변장고 위어일체자재장중 실
爲欲顯現神變藏故며 **爲於一切自在藏中**에 **悉**

이자심 득자재고 위욕입어청정장중 이
以自心으로 **得自在故**며 **爲欲入於淸淨藏中**하야 **以**

일체상 이장엄고
一切相으로 **而莊嚴故**니

"신통변화의 곳집을 나타내기 위함이며, 모든 자유
자재한 곳집에서 자기의 마음으로 자재함을 얻기 위함
이며, 청정한 곳집 속에 들어가서 온갖 모습으로 장엄
하기 위함입니다."

선재동자가 보리심을 발한 까닭이란 다시 정리하면 부
처님의 경계가 아무리 높고 광대하다 하더라도 그 경계를 다
하고자 한 까닭이며, 불법이 아무리 높고 깊더라도 그 근원
을 다하고자 한 까닭이며, 보살행이 아무리 광대하더라도
그 모든 보살행과 다 같게 하고자 함이라는 것을 밝혔다.

성자여 我今以如是心과 如是意와 如是樂과 如

是欲과 如是希求와 如是思惟와 如是尊重과 如是

方便과 如是究竟과 如是謙下로 至聖者所호이다

"거룩하신 이여, 저는 이제 이와 같은 마음과, 이와

같은 뜻과, 이와 같은 즐거움과, 이와 같은 욕망과, 이

와 같은 희망과, 이와 같은 사유와, 이와 같은 존중과,

이와 같은 방편과, 이와 같은 구경과, 이와 같은 겸양으

로 거룩하신 이가 계신 곳에 왔습니다."

(3) 해탈장자의 가르침을 찬탄하고 법을 묻다

我聞聖者는 善能誘誨諸菩薩衆하사 能以方便

으로 闡明所得하사 示其道路와 與其津梁하며 授其

法門하사 令除迷倒障하며

"제가 들으니 거룩하신 이께서는 모든 보살들을 잘 가르치시어 능히 방편으로써 얻은 바를 열어 밝히며, 그 길을 보이며, 그 나루터를 일러 주며, 그 법문을 주어 미혹한 장애를 제거하게 하고,

발 유 예 전　　절 의 혹 망　　조 심 조 림　　완 심
拔猶豫箭하고 截疑惑網하며 照心稠林하고 浣心

구 탁　　　영 심 결 백　　사 심 청 정　　정 심 첨 곡
垢濁하며 令心潔白하고 使心淸淨하며 正心諂曲하고

절 심 생 사　　지 심 불 선　　해 심 집 착
絶心生死하며 止心不善하고 解心執着하며

남아 있는 화살을 뽑고, 의혹의 그물을 찢고, 마음의 빽빽한 숲을 비추고, 마음의 때를 씻어서 마음을 결백하게 하고, 마음을 청정하게 하고, 마음의 굽은 것을 바로하고, 마음의 생사를 끊고, 마음의 착하지 못함을 멈추고, 마음의 집착을 풀고,

於執着處_에 令心解脫_{하고} 於染愛處_에 使心動
轉_{하며} 令其速入一切智境_{하고} 使其疾到無上法
城_{하며} 令住大悲_{하고} 令住大慈_{하며}

집착한 마음을 해탈케 하고, 물들고 애착하는 곳에서
마음을 돌리게 하고, 일체 지혜의 경계에 빨리 들어가게
하고, 위없는 법성法城에 빨리 이르게 하고, 크게 가엾이
여김에 머물게 하고, 크게 인자함에 머물게 하고,

令入菩薩行_{하고} 令修三昧門_{하며} 令入證位_{하고}
令觀法性_{하며} 令增長力_{하고} 令修習行_{하야} 普於一
切_에 其心平等_{이라하니}

보살의 행에 들어가게 하고, 삼매의 문을 수행하게
하고, 증득하는 지위에 들게 하고, 법의 성품을 보게 하

고, 힘을 증장케 하고, 행을 익히게 하여 널리 온갖 것에 마음을 평등하게 하신다 하였습니다.

유원성자　위아선설　　보살　운하학보
唯願聖者는 爲我宣說하소서 菩薩이 云何學菩

살행　수보살도　수소수습　질득청정
薩行하며 修菩薩道하야 隨所修習하야 疾得淸淨하며

질득명료
疾得明了리잇고

　오직 원하옵건대 거룩하신 이여, 저를 위하여 보살이 어떻게 보살의 행을 배우며, 보살의 도를 닦으며, 닦아 익힌 것이 따라서 빨리 청정하여지며, 빨리 분명하여지는 것을 말씀하여 주십시오.”

　선재동자는 해탈장자가 사람들에게 무엇을 어떻게 가르치고 어떻게 수행하도록 하는지에 대해서 소상하게 알고 있음을 낱낱이 밝혔다. 선지식을 친견하여 그 선지식으로부터 법문을 들으려 하면서 그 선지식의 수행과 지혜와 깨달음에 대해 충분한 연구가 되어 있음을 엿볼 수 있는 내용이다. 그리고 끝으로 묻는 내용도 역시 한결같이 보살행에 대한 것이었다.

3) 해탈장자가 법을 보이다

(1) 선정에 들어 묵묵히 보이다

시   해탈장자   이과거선근력   불위신력
時에 **解脫長者**가 **以過去善根力**과 **佛威神力**과

문수사리동자억념력고   즉입보살삼매문
文殊師利童子憶念力故로 **卽入菩薩三昧門**하시니

명보섭일체불찰무변선다라니
名普攝一切佛刹無邊旋陀羅尼라

그때에 해탈장자가 과거의 착한 뿌리의 힘과 부처님의 위신력과 문수사리동자의 생각하는 힘으로써 보살의 삼매문에 들어갔으니, 이름이 '모든 부처님의 세계를 두루 거두어 그지없이 도는 다라니[普攝一切佛刹無邊旋陀羅尼]'이었습니다.

입 차 삼 매 이　　　　득 청 정 신　　　어 기 신 중　　현
入此三昧已하야는 得淸淨身하사 於其身中에 顯

현 시 방 각 십 불 찰 미 진 수 불　　급 불 국 토 중 회 도
現十方各十佛刹微塵數佛과 及佛國土衆會道

량　　종 종 광 명 제 장 엄 사
場과 種種光明諸莊嚴事하며

이 삼매에 들어가서는 청정한 몸을 얻어 그 몸에서
시방으로 각각 열 세계의 미진수 부처님과 부처님 국토
와 여럿이 모인 도량과 가지가지 광명으로 온갖 장엄한
것을 나타내었습니다.

선재동자가 법을 물음으로 해탈장자가 법을 보이는 내
용 가운데 두 가지 방법으로 법을 보인다. 하나는 선정에 들
어 묵묵히 보이는 일이고, 다른 하나는 선정에서 일어나 설
법으로 보이는 일이다. 먼저 선정에 들어가서 청정한 몸을
얻어 그 몸에서 시방으로 각각 열 세계의 미진수 부처님
과 부처님의 국토 등을 나타내 보이는 것을 낱낱이 열거
하였다.

역현피불 왕석소행신통변화 　일체대원조
亦現彼佛往昔所行神通變化와 一切大願助

도 지 법　 제 출 리 행 청 정 장 엄
道之法과 諸出離行清淨莊嚴하며

또 저 부처님들이 옛적에 행하시던 신통변화와 모든
큰 서원과 도道를 돕는 법과 모든 벗어나는 행과 청정한
장엄을 나타내었습니다.

역견제불 　성등정각 　전묘법륜 　교화중생
亦見諸佛의 成等正覺과 轉妙法輪과 教化衆生

　 여시일체 　어기신중 　실개현현 　 무소장
하사 如是一切를 於其身中에 悉皆顯現하야 無所障

애 　　종종형상 　종종차제 　여본이주 　 불상
礙하며 種種形相과 種種次第가 如本而住하야 不相

잡 란
雜亂하니

또 모든 부처님들이 등정각을 이루고, 묘한 법륜을
굴리어 중생을 교화함을 보였으며, 이와 같은 일들이
그 몸 가운데 다 나타나지마는 조금도 장애되지 아니하

였으며, 갖가지 형상과 갖가지 차례로 본래와 같이 머물면서도 섞이거나 혼란하지 아니하였습니다.

　해탈장자가 선정에 들어가서 청정한 몸을 얻어 그 몸에서 나타내 보이는 내용으로 모든 부처님의 일체 불사가 나타나지 않는 것이 없다.

　　소위 종종국토　종종중회　종종도량　종종
　　所謂種種國土와 種種衆會와 種種道場과 種種

엄식　　기중제불　현종종신력　　입종종승도
嚴節이니 其中諸佛이 現種種神力하며 立種種乘道

　　시종종원문
하며 示種種願門하며

　이른바 갖가지 국토와 갖가지 모인 대중과 갖가지 도량과 갖가지 장엄이니, 그 가운데 계시는 모든 부처님이 갖가지 신통한 힘을 나타내고, 갖가지 법의 길을 세우고, 갖가지 서원의 문을 보였습니다.

혹 어 일 세 계 　 처 도 솔 궁 　 이 작 불 사
或於一世界에 **處兜率宮**하야 **而作佛事**하며

혹 한 세계에서 도솔천궁에 계시어 불사를 짓기도 하고,

혹 어 일 세 계 　 몰 도 솔 궁 　 이 작 불 사 　 여
或於一世界에 **歿兜率宮**하야 **而作佛事**하며 **如**

시 혹 유 주 태 　 혹 부 탄 생 　 혹 처 궁 중 　 혹 부
是或有住胎하며 **或復誕生**하며 **或處宮中**하며 **或復**

출 가 　 혹 예 도 량 　 혹 파 마 군
出家하며 **或詣道場**하며 **或破魔軍**하며

혹 한 세계의 도솔천궁에서 죽어서 불사를 짓기도
하는데, 이와 같이 혹 태중에 있기도 하고, 혹 탄생도
하고, 혹 궁중에 계시기도 하고, 혹 출가도 하고, 혹 도
량에 나아가기도 하고, 혹 마의 군중을 깨뜨리기도 하
였습니다.

혹 제 천 룡 　 공 경 위 요 　 혹 제 세 주 　 권 청 설
或諸天龍이 **恭敬圍繞**하며 **或諸世主**가 **勸請說**

법　　　혹전법륜　　혹반열반　　혹분사리　　혹
法하며 **或轉法輪**하며 **或般涅槃**하며 **或分舍利**하며 **或**

기 탑 묘
起塔廟하며

　혹 하늘과 용들이 공경하여 둘러 모시기도 하고, 혹
세상의 주인들이 설법을 권청하기도 하고, 혹 법륜을
굴리기도 하고, 혹 열반에 들기도 하고, 혹 사리를 나누
기도 하고, 혹 탑을 쌓기도 하였습니다.

　모든 부처님의 온갖 일과 불멸 5백년 이후의 가지가지 불
법 가운데 일어나는 일들까지 해탈장자의 몸에서 다 나타내
보인다. 삼매의 힘은 어떤 시간도 어떤 공간도 다 초월하여
자유자재하게 마음대로 나타내 보인다. 그러므로 이 삼매
에 들어가서는 예컨대 50년 전의 젊고 건강한 몸을 가지고
다시 현재의 시간으로 돌아와서 살 수도 있다.

피 제 여 래　　어 종 종 중 회　　종 종 세 간　　종 종
彼諸如來가 **於種種衆會**와 **種種世間**과 **種種**

대방광불화엄경 강설

취생　종종가족　종종욕락　종종업행　종종
趣生과 種種家族과 種種欲樂과 種種業行과 種種

어언　종종근성　종종번뇌　수면습기　제중
語言과 種種根性과 種種煩惱의 隨眠習氣인 諸衆

생중　혹처미세도량　혹처광대도량
生中에 或處微細道場하며 或處廣大道場하며

　저 모든 여래께서 갖가지 대중의 모임과, 갖가지 세
간과, 갖가지 태어나는 길과, 갖가지 가족과, 갖가지 욕
망과, 갖가지 업과, 갖가지 말과, 갖가지 근성과, 갖가지
번뇌와 수면습기隨眠習氣를 가진 모든 중생들 가운데서 혹
은 작은 도량에 있기도 하고, 혹은 넓은 도량에 있기도
하고,

　혹처일유순양도량　혹처십유순양도량
　或處一由旬量道場하며 或處十由旬量道場하며

혹처불가설불가설불찰미진수유순양도량
或處不可說不可說佛刹微塵數由旬量道場하사

　혹은 1유순 되는 도량에 있기도 하고, 혹은 10유순 되
는 도량에 있기도 하고, 혹은 말할 수 없이 말할 수 없

는 세계의 미진수 유순이 되는 도량에 있기도 하면서,

이 종종신통   종종언사   종종음성   종종법
以種種神通과 種種言辭와 種種音聲과 種種法

문   종종총지문   종종변재문   이 종종성제
門과 種種總持門과 種種辯才門하며 以種種聖諦

해   종종무외대사자후   설제중생   종종선근
海와 種種無畏大獅子吼로 說諸衆生의 種種善根과

종종억념   수종종보살기   설종종제불법
種種憶念하며 授種種菩薩記하며 說種種諸佛法

이어시든

갖가지 신통과, 갖가지 말과, 갖가지 음성과, 갖가지
법문과, 갖가지 총지문과, 갖가지 변재의 문으로써 여
러 성인의 참이치 바다에서 여러 가지 두려움 없는 대
사자후로 모든 중생의 갖가지 착한 뿌리와 갖가지 생각
을 설하며, 여러 가지 보살의 수기를 주며, 여러 가지
모든 부처님의 법을 설하였습니다.

피 제 여 래　소 유 언 설　선 재 동 자　실 능 청 수
彼諸如來의 所有言說을 善財童子가 悉能聽受

역 견 제 불　급 제 보 살　불 가 사 의 삼 매 신 변
하며 亦見諸佛과 及諸菩薩의 不可思議三昧神變하나니라

저 모든 여래의 말씀을 선재동자가 다 들었으며, 또
한 모든 부처님과 모든 보살들의 불가사의한 삼매와 신
통변화를 보기도 하였습니다.

해탈장자가 들어간 '모든 부처님의 세계를 두루 거두어
그지없이 도는 다라니[普攝一切佛刹無邊旋陀羅尼]'라는 삼매에서
모든 것을 다 나타내 보이고, 그 나타난 현상에서 온갖 법
을 설하는 것을 선재동자는 다 들었으며, 또한 모든 부처님
과 모든 보살들의 불가사의한 삼매와 신통변화를 다 보기
도 하였다.

(2) 선정에서 일어나 법을 설하다

이 시　해 탈 장 자　종 삼 매 기　고 선 재 동 자
爾時에 解脫長者가 從三昧起하사 告善財童子

言하사대 善男子야 我已入出如來無礙莊嚴解脫

門호니

언   선 남 자   아 이 입 출 여 래 무 애 장 엄 해 탈
문

이때에 해탈장자가 삼매에서 일어나 선재동자에게 말하였습니다. "선남자여, 나는 이미 여래의 걸림이 없는 장엄 해탈문에 들어갔다 나왔습니다."

해탈장자가 법을 보이는 두 번째 방법이다. 선정에서 일어나 법을 설하는 내용인데 동방으로부터 시방의 각각 세계와 각각 부처님과 각각의 보살대중과 상수上首보살들까지 보았다는 사실을 낱낱이 다 열거하여 설한다.

善男子야 我入出此解脫門時에 即見東方閻浮

檀金光明世界에 龍自在王如來應正等覺의 道場

선 남 자   아 입 출 차 해 탈 문 시   즉 견 동 방 염 부
단 금 광 명 세 계   용 자 재 왕 여 래 응 정 등 각   도 량

중 회 지 소 위 요　　비 로 자 나 장 보 살　　이 위 상 수
衆會之所圍繞에 **毘盧遮那藏菩薩**이 **而爲上首**하며

"선남자여, 내가 이 해탈문에 들어갔다 나올 적에 곧 동방의 염부단금광명閻浮檀金光明세계의 용자재왕龍自在王여래 응공 정등각을 도량에 모인 대중이 둘러쌌는데 비로자나장毘盧遮那藏보살이 상수上首가 되었음을 보았습니다."

우 견 남 방 속 질 력 세 계　　보 향 여 래 응 정 등 각
又見南方速疾力世界에 **普香如來應正等覺**의

도 량 중 회 지 소 위 요　　심 왕 보 살　　이 위 상 수
道場衆會之所圍繞에 **心王菩薩**이 **而爲上首**하며

"또 남방의 속질력速疾力세계의 보향普香여래 응공 정등각을 도량에 모인 대중이 둘러쌌는데 심왕心王보살이 상수가 되었음을 보았습니다."

우 견 서 방 향 광 세 계　　수 미 등 왕 여 래 응 정 등 각
又見西方香光世界에 **須彌燈王如來應正等覺**

의 道場衆會之所圍繞에 無礙心菩薩이 而爲上首하며

   도량중회지소위요   무애심보살 이위상수

"또 서방의 향광香光세계의 수미등왕須彌燈王여래 응공 정등각을 도량에 모인 대중이 둘러쌌는데 무애심無礙心 보살이 상수가 되었음을 보았습니다."

又見北方袈裟幢世界에 不可壞金剛如來應

   우견북방가사당세계   불가괴금강여래응

正等覺의 道場衆會之所圍繞에 金剛步勇猛菩薩

정등각   도량중회지소위요   금강보용맹보살

이 而爲上首하며

   이위상수

"또 북방의 가사당袈裟幢세계의 불가괴금강不可壞金剛여 래 응공 정등각을 도량에 모인 대중이 둘러쌌는데 금강 보용맹金剛步勇猛보살이 상수가 되었음을 보았습니다."

又見東北方一切上妙寶世界에 無所得境界

   우견동북방일체상묘보세계   무소득경계

안 여래 응 정 등 각　도 량 중 회 지 소 위 요　무 소 득
眼如來應正等覺의 道場衆會之所圍繞에 無所得

선 변 화 보 살　이 위 상 수
善變化菩薩이 而爲上首하며

"또 동북방의 일체상묘보一切上妙寶세계의 무소득경계
안無所得境界眼여래 응공 정등각을 도량에 모인 대중이 둘
러쌌는데 무소득선변화無所得善變化보살이 상수가 되었음
을 보았습니다."

우 견 동 남 방 향 염 광 음 세 계　향 등 여 래 응 정
又見東南方香焰光音世界에 香燈如來應正

등 각　도 량 중 회 지 소 위 요　금 강 염 혜 보 살　이
等覺의 道場衆會之所圍繞에 金剛焰慧菩薩이 而

위 상 수
爲上首하며

"또 동남방의 향염광음香焰光音세계의 향등香燈여래 응
공 정등각을 도량에 모인 대중이 둘러쌌는데 금강염혜
金剛焰慧보살이 상수가 되었음을 보았습니다."

우 견 서 남 방 지 혜 일 보 광 명 세 계　　법 계 륜 당 여
又見西南方智慧日普光明世界에 法界輪幢如

래 응 정 등 각　　도 량 중 회 지 소 위 요　　현 일 체 변 화
來應正等覺의 道場衆會之所圍繞에 現一切變化

당 보 살　　이 위 상 수
幢菩薩이 而爲上首하며

　"또 서남방의 지혜일보광명智慧日普光明세계의 법계륜
당法界輪幢여래 응공 정등각을 도량에 모인 대중이 둘러
쌌는데 현일체변화당現一切變化幢보살이 상수가 되었음을
보았습니다."

우 견 서 북 방 보 청 정 세 계　　일 체 불 보 고 승 당
又見西北方普淸淨世界에　一切佛寶高勝幢

여 래 응 정 등 각　　도 량 중 회 지 소 위 요　　법 당 왕 보
如來應正等覺의 道場衆會之所圍繞에 法幢王菩

살　　이 위 상 수
薩이 而爲上首하며

　"또 서북방의 보청정普淸淨세계의 일체불보고승당一切佛
寶高勝幢여래 응공 정등각을 도량에 모인 대중이 둘러쌌는

데 법당왕法幢王보살이 상수가 되었음을 보았습니다."

우 견 상 방 불 차 제 출 현 무 진 세 계　　무 변 지 혜
又見上方佛次第出現無盡世界에　無邊智慧

광 원 만 당 여 래 응 정 등 각　　도 량 중 회 지 소 위 요
光圓滿幢如來應正等覺의　道場衆會之所圍繞에

법 계 문 당 왕 보 살　　이 위 상 수
法界門幢王菩薩이　而爲上首하며

　"또 상방의 불차제출현무진佛次第出現無盡세계의 무변지
혜광원만당無邊智慧光圓滿幢여래 응공 정등각을 도량에 모
인 대중이 둘러쌌는데 법계문당왕法界門幢王보살이 상수
가 되었음을 보았습니다."

우 견 하 방 불 광 명 세 계　　무 애 지 당 여 래 응 정
又見下方佛光明世界에　無礙智幢如來應正

등 각　　도 량 중 회 지 소 위 요　　일 체 세 간 찰 당 왕
等覺의　道場衆會之所圍繞에　一切世間刹幢王

보살 이위상수
菩薩_이 而爲上首_{하노니}

　"또 하방의 불광명佛光明세계의 무애지당無礙智幢여래
응공 정등각을 도량에 모인 대중이 둘러쌌는데 일체
세간찰당왕一切世間刹幢王보살이 상수가 되었음을 보았습
니다."

　선 남 자　아 견 여 시 등 시 방 각 십 불 찰 미 진 수
善男子_야 我見如是等十方各十佛刹微塵數

여래　피제여래　불래지차　아불왕피
如來_나 彼諸如來_가 不來至此_며 我不往彼_{로라}

　"선남자여, 내가 이와 같은 등 시방으로 각각 열 세
계의 미진수 여래를 보지만 저 모든 여래들이 여기 오
시지도 아니하고 내가 그곳에 가지도 아니하였습니다."

　아 약 욕 견 안 락 세 계 아 미 타 여 래　수 의 즉 견
我若欲見安樂世界阿彌陀如來_{하면} 隨意卽見

_{하며}

"내가 만약 안락安樂세계의 아미타여래를 뵙고자 하면 마음대로 봅니다."

아 약 욕 견 전 단 세 계 금 강 광 명 여 래   묘 향 세 계
我若欲見栴檀世界金剛光明如來와 妙香世界

보 광 명 여 래   연 화 세 계 보 련 화 광 명 여 래   묘 금
寶光明如來와 蓮華世界寶蓮華光明如來와 妙金

세 계 적 정 광 여 래   묘 희 세 계 부 동 여 래   선 주 세
世界寂靜光如來와 妙喜世界不動如來와 善住世

계 사 자 여 래   경 광 명 세 계 월 각 여 래   보 사 자 장
界獅子如來와 鏡光明世界月覺如來와 寶獅子莊

엄 세 계 비 로 자 나 여 래   여 시 일 체   실 개 즉 견
嚴世界毘盧遮那如來하면 如是一切를 悉皆即見이나

연 피 여 래   불 래 지 차   아 신   역 불 왕 예 어 피
然彼如來가 不來至此며 我身도 亦不往詣於彼라

"내가 만약 전단栴檀세계의 금강광명金剛光明여래나 묘향妙香세계의 보광명寶光明여래나 연화蓮華세계의 보련화광명寶蓮華光明여래나 묘금妙金세계의 적정광寂靜光여래나 묘희妙喜세계의 부동不動여래나 선주善住세계의 사자獅子여

래나 경광명鏡光明세계의 월각月覺여래나 보사자장엄寶獅子莊嚴세계의 비로자나毘盧遮那여래를 뵙고자 하면 이와 같은 부처님을 다 보게 됩니다. 그러나 저 여래께서 이곳에 오시지도 않고 내 몸이 또한 그곳에 가지도 않습니다."

만약 시방세계의 그 많은 여래께서 이곳에 온다거나 해탈장자가 그곳에 간다거나 하면 얼마나 번거로울까. 시간은 또 얼마나 오래 걸리며 장소는 얼마나 많이 필요할까. 모든 것이 한 마음의 작용으로 이루어지는 것이다. 그러므로 일체가 자유자재하고 원만융통하다. 이것이 해탈장자의 법이다.

知一切佛과 及與我心이 悉皆如夢하며 知一切佛이 猶如影像하고 自心如水하며 知一切佛의 所有色相과 及以自心이 悉皆如幻하며 知一切佛과 及

이기심　　실개여향　　　아여시지　　　여시억념
以己心이 悉皆如響하노니 我如是知하며 如是憶念

소견제불　　개유자심
의 所見諸佛이 皆由自心이니라

"모든 부처님과 나의 마음은 모두 꿈과 같음을 알며,
모든 부처님이 마치 그림자 같고 내 마음은 물 같은 줄
을 알며, 모든 부처님의 모습과 내 마음이 환영과 같음
을 알며, 모든 부처님과 내 마음이 메아리와 같음을 아
나니, 나는 이와 같이 알고 이와 같이 뵈옵는 모든 부처
님이 다 자신의 마음으로 말미암은 줄을 생각합니다."

풍부하기로 하면 만행만덕을 갖추었고, 텅 비었기로 하
면 미세먼지 하나 없는 것이 사람의 마음이다. 어떤 일이든
지 마음을 말미암지 않은 것이 없다. 그래서 불교에서는 언
필칭 일체가 오직 마음으로 만들어졌다고 한다.

선남자　　당지보살　　수제불법　　　정제불찰
善男子야 當知菩薩이 修諸佛法하야 淨諸佛刹

적 집 묘 행　　　조 복 중 생　　　발 대 서 원　　　입 일
하며 積集妙行하야 調伏衆生하며 發大誓願하야 入一

체 지　　　자 재 유 희 불 가 사 의 해 탈 지 문　　　득 불
切智하며 自在遊戱不可思議解脫之門하며 得佛

보 리　　　현 대 신 통　　　변 왕 일 체 시 방 법 계　　　이
菩提하야 現大神通하며 徧往一切十方法界하며 以

미 세 지　　보 입 제 겁　　　여 시 일 체　　　실 유 자 심
微細智로 普入諸劫하나니 如是一切가 悉由自心이라

"선남자여, 마땅히 알아야 합니다. 보살들이 모든 부
처님의 법을 닦아서 모든 부처님의 세계를 청정하게 하
며, 미묘한 행을 쌓아서 중생을 조복하며, 큰 서원을 내
고 일체지혜에 들어가 자재하게 불가사의한 해탈문에
유희하며, 부처님의 보리를 얻어서 큰 신통을 나타내
고, 모든 시방법계에 두루 가며, 미세한 지혜로 모든 겁
에 널리 들어가는 이와 같은 일체가 모두 자기의 마음
을 말미암음입니다."

육바라밀과 사섭법과 사무량심은 모두 사람의 한 마음
안에 이미 갖춰져 있는 것이어서 인연을 만나면 언제든지 밖
으로 드러나게 된다. 실로 무엇이든 자기의 마음을 말미암

지 않은 것이 없다.

시고　　선남자　응이선법　　부조자심　　응
是故로 善男子야 應以善法으로 扶助自心하며 應

이법수　　윤택자심　　응어경계　정치자심
以法水로 潤澤自心하며 應於境界에 淨治自心하며

응이정진　　견고자심　　응이인욕　　탄탕자
應以精進으로 堅固自心하며 應以忍辱으로 坦蕩自

심
心하며

"그러므로 선남자여, 응당 착한 법으로 자기의 마음
을 붙들어야 하며, 응당 법의 물로 자기의 마음을 윤택
하게 해야 하며, 응당 경계에서 자기의 마음을 깨끗이
다스려야 하며, 응당 꾸준히 노력함으로써 자기의 마음
을 굳게 해야 하며, 응당 참음으로써 자기의 마음을 평
탄케 해야 할 것입니다."

응 이 지 증　　　결 백 자 심　　　응 이 지 혜　　명 리 자
應以智證으로 潔白自心하며 應以智慧로 明利自

심　　　응 이 불 자 재　　개 발 자 심　　　응 이 불 평 등
心하며 應以佛自在로 開發自心하며 應以佛平等으로

광 대 자 심　　　응 이 불 십 력　　　조 찰 자 심
廣大自心하며 應以佛十力으로 照察自心이니라

"응당 지혜를 증득하여 자기의 마음을 결백하게 해야 하며, 응당 지혜로써 자기의 마음을 밝게 해야 하며, 응당 부처님의 자재함으로써 자기의 마음을 개발해야 하며, 응당 부처님의 평등으로써 자기의 마음을 광대하게 해야 하며, 응당 부처님의 열 가지 힘으로써 자기의 마음을 비추어 살펴야 할 것입니다."

만행과 만덕과 육바라밀과 사섭법과 사무량심이 본래로 자기의 마음 안에 다 갖춰져 있는 것이지만 만약 육근을 통해 응당 실천하지 않으면 아예 없는 것이나 마찬가지다. 그러므로 한 마음을 근본으로 하여 수행하는 모든 수행자가 특별히 경계하고 살펴서 그릇됨이 없어야 할 것이다. 위의 경문에서 응당, 응당, 응당 해야 할 것이라고 강조한 것이 바

로 그 뜻이다.

4) 자기는 겸손하고 다른 이의 수승함을 추천하다

선남자야 我唯於此如來無礙莊嚴解脫門에 而

得入出이어니와 如諸菩薩摩訶薩은 得無礙智하며 住

無礙行하며 得常見一切佛三昧하며 得不住涅槃際

三昧하며

"선남자여, 나는 다만 이 여래의 걸림 없는 장엄 해
탈문에서 들어가고 나감을 얻었거니와 저 모든 보살마
하살들이 걸림 없는 지혜를 얻고, 걸림 없는 행에 머물
며, 모든 부처님을 항상 보는 삼매를 얻으며, 열반의 경
계에 머물지 않는 삼매를 얻으며,

요 달 삼 매 보 문 경 계　　어 삼 세 법　　실 개 평 등
了達三昧普門境界하며 於三世法에 悉皆平等

　　능 선 분 신　　변 일 체 찰　　주 어 제 불 평 등 경
하며 能善分身하야 徧一切刹하며 住於諸佛平等境

계　　시 방 경 계　　개 실 현 전　　지 혜 관 찰　　무
界하며 十方境界가 皆悉現前하며 智慧觀察하야 無

불 명 료
不明了하며

　　삼매의 넓은 문 경계를 통달하며, 세 세상 법에 다
평등하며, 능히 몸을 잘 나누어 여러 세계에 두루 이르
며, 모든 부처님의 평등한 경계에 머물러 시방의 경계
가 다 앞에 나타나거든 지혜로 관찰하여 분명히 알며,

　　어 기 신 중　　실 현 일 체 세 계 성 괴　　이 어 기 신
於其身中에 悉現一切世界成壞호대 而於己身

　　급 제 세 계　　불 생 이 상　　여 시 묘 행　　이 아 운
과 及諸世界에 不生二想하나니 如是妙行을 而我云

하 능 지 능 설
何能知能說이리오

그 몸 가운데 모든 세계가 이루어지고 무너짐을 다 나타내어도 자기의 몸과 모든 세계가 둘이라는 생각을 내지 아니하나니, 이와 같은 미묘한 행이야 내가 어떻게 능히 알며 능히 말할 수 있겠습니까."

　해탈장자 선지식 역시 다른 선지식들과 마찬가지로 자기는 끝없이 겸손하고 다른 선지식의 수승함을 추천한다. 특히 수승함을 밝히는 가운데 열반의 경계에 머물지 않는 삼매를 얻은 것은 보살대승불교에서만이 할 수 있는 말이다. 얼마나 많은 초기불교를 하는 사람들이 열반의 경계에 머물려고 하던가. 열반에 들어가서 다시는 세상에 나오지 않으려고 하던가. 그러나 보살은 그렇지가 않다. 자기 혼자 열반에 주저앉아 무엇을 하자는 것인가. 이세간품에서는 "그것은 마군의 짓이다."라고까지 하였다.

5) 다음 선지식 찾기를 권유하다

선 남 자　　종 차 남 행　　　지 염 부 제 반　　　유 일
善男子야 從此南行하야 至閻浮提畔하면 有一

국 토　　　명 마 리 가 라　　피 유 비 구　　　명 왈 해 당
國土하니 名摩利伽羅요 彼有比丘하니 名曰海幢이니

여 예 피 문　　　보 살　　운 하 학 보 살 행　　　수 보 살 도
汝詣彼問호대 菩薩이 云何學菩薩行이며 修菩薩道

리잇고하라

"선남자여, 여기에서 남방으로 가서 염부제의 경계
선에 이르면 한 나라가 있으니 이름이 마리가라摩利伽羅
요, 그 나라에 비구가 있으니 이름은 해당海幢입니다. 그
대는 그에게 가서 '보살이 어떻게 보살의 행을 배우며
보살의 도를 닦습니까?'라고 물으십시오."

다음의 선지식으로는 마리가라摩利伽羅라는 나라에 있는
해당海幢비구를 추천하였다. 그 비구에게 가서도 반드시 보
살행과 보살도에 대해서 물으라고 지시하였다.

6) 선지식의 덕을 생각하며 예배하고 떠나다

시 선재동자 정례해탈장자족 우요관
時에 善財童子가 頂禮解脫長者足하고 右繞觀

찰 칭양찬탄 사유연앙 비읍유루 일
察하며 稱揚讚歎하고 思惟戀仰하며 悲泣流淚하고 一

심억념
心憶念하야

이때에 선재동자가 해탈장자의 발에 예배하고 오른
쪽으로 돌며 관찰하고 일컬어 찬탄하며, 생각하여 앙모
하고 슬프게 울어 눈물을 흘리면서 일심으로 생각하였
습니다.

의선지식 사선지식 경선지식 유선
依善知識하며 事善知識하며 敬善知識하며 由善

지식 견일체지
知識하야 見一切智하며

'선지식을 의지하며, 선지식을 섬기며, 선지식을 공
경하며, 선지식을 말미암아 일체 지혜를 보았으니,

어선지식　불생위역　　어선지식　심무첨
於善知識에 **不生違逆**하며 **於善知識**에 **心無諂**

광　　어선지식　심상수순
誑하며 **於善知識**에 **心常隨順**하며

선지식에게 거스르는 생각을 내지 아니하며, 선지식
에게 아첨하거나 속이는 마음이 없으며, 선지식을 마음
으로 항상 순종하며,

어선지식　기자모상　　사리일체무익법고
於善知識에 **起慈母想**하야 **捨離一切無益法故**

어선지식　기자부상　　출생일체제선법고
며 **於善知識**에 **起慈父想**하야 **出生一切諸善法故**

사 퇴 이 거
로 **辭退而去**하니라

선지식에게 자애로운 어머니라는 생각을 일으킬 것
이니 일체 무익한 법을 버리는 연고며, 선지식에게 자
애로운 아버지라는 생각을 일으킬 것이니 일체 모든 선
한 법을 내게 하는 연고이니라.'라고 하면서 하직하고
물러갔습니다.

모든 수행자는 반드시 선지식을 의지하여야 하며, 선지식을 섬기고, 선지식을 공경하여야 하며, 선지식을 말미암아 일체 지혜를 보아야 하며, 선지식에게 거스르는 생각을 내지 않아야 하며, 선지식에게 아첨하거나 속이는 마음이 없어야 하며, 마음으로 선지식을 항상 순종하여야 한다는 생각을 잊어서는 안 된다.

문수지남도 제7, 선재동자가 해당비구를 친견하다.

7. 해당비구 海幢比丘

제6 정심주正心住 선지식

1) 가르침을 의지하여 다음 선지식을 찾다

(1) 해탈장자의 가르침을 생각하다

이 시   선 재 동 자   일 심 정 념 피 장 자 교   관
爾時에 **善財童子**가 **一心正念彼長者教**하며 **觀**

찰 피 장 자 교   억 념 피 부 사 의 보 살 해 탈 문
察彼長者教하야 **憶念彼不思議菩薩解脫門**하며

사 유 피 부 사 의 보 살 지 광 명   심 입 피 부 사 의 법
思惟彼不思議菩薩智光明하며 **深入彼不思議法**

계 문
界門하며

　그때에 선재동자가 일심으로 저 장자의 가르침을 바
로 생각하며, 장자의 가르침을 관찰하며, 저 부사의한

보살의 해탈문을 기억하며, 저 부사의한 보살의 지혜광명을 생각하며, 저 부사의한 법계문法界門에 깊이 들어갔습니다.

취향피부사의보살보입문　명견피부사의
趣向彼不思議菩薩普入門하며 **明見彼不思議**

여래신변　해료피부사의보입불찰　분별
如來神變하며 **解了彼不思議普入佛刹**하며 **分別**

피부사의불력장엄
彼不思議佛力莊嚴하며

저 부사의한 보살의 널리 들어가는 문을 향하여 나아가며, 저 부사의한 여래의 신통변화를 밝게 보며, 저 부사의한 부처님의 세계에 널리 들어가는 문을 이해하며, 저 부사의한 부처님의 힘으로 장엄함을 분별하였습니다.

사유피부사의보살삼매해탈경계분위　요
思惟彼不思議菩薩三昧解脫境界分位하며 **了**

달 피 부 사 의 차 별 세 계 구 경 무 애   수 행 피 부 사
達彼不思議差別世界究竟無礙하며 **修行彼不思**

의 보 살 견 고 심 심   발 기 피 부 사 의 보 살 대 원 정
議菩薩堅固深心하며 **發起彼不思議菩薩大願淨**

업
業하니라

　저 부사의한 보살의 삼매와 해탈 경계의 나뉘는 자
리[分位]를 생각하며, 저 부사의한 차별한 세계가 구경에
걸림이 없음을 통달하며, 저 부사의한 보살의 견고하고
깊은 마음을 닦아 행하며, 저 부사의한 보살의 큰 서원
과 깨끗한 업을 발기發起하였습니다.

　해탈장자의 가르침을 의지하여 다음 선지식을 찾아가면
서 해탈장자가 그동안 가르친 법을 다시 반복하여 생각하
는 내용이다.

2) 해당비구가 삼매의 수승한 작용을 보이다

(1) 발바닥에서 나온 장자와 거사와 바라문

漸次南行_{하야} 至閻浮提畔摩利聚落_{하야} 周徧

求覓海幢比丘_{라가} 乃見其在經行地側_{하야} 結跏

趺坐_{하고} 入於三昧_{하야} 離出入息_{하고} 無別思覺_{하야}

身安不動_{하며}

점점 남방으로 가서 염부제 경계선인 마리摩利 마을
에 이르러 해당비구를 두루 찾다가 문득 보니, 그가 거
니는 장소 곁에서 가부좌하고 앉아 삼매에 들었는데 숨
을 쉬지 아니하고 별다른 생각함도 없어서 몸이 편안히
있고 동요하지 아니하였습니다.

다음의 선지식은 해당비구海幢比丘다. 마리라는 마을에 가
서 해당비구를 보니 가부좌하고 앉아 삼매에 들었는데, 숨
을 쉬지도 않고 별다른 생각함도 없으며 몸은 편안히 하고

전혀 동요하는 기색이 없었다.

從其足下_{하야} 出無數百千億長者居士婆羅門
衆_{하니} 皆以種種諸莊嚴具_로 莊嚴其身_{하야} 悉着寶
冠_{호대} 頂繫明珠_{하고}

그의 발바닥에서 수없는 백천억 장자와 거사와 바라
문들이 나오는데 모두 가지가지 장엄거리로 몸을 장엄
하였고, 보배로운 관을 쓰고 정수리에 밝은 구슬을 매
었습니다.

普往十方一切世界_{하야} 雨一切寶_와 一切瓔珞
_과 一切衣服_과 一切飮食如法上味_와 一切華_와 一

_{체만} _{일체향} _{일체도향} _{일체욕락자생지구}
切鬘과 一切香과 一切塗香과 一切欲樂資生之具
하야

시방의 모든 세계로 널리 가서 모든 보배와 모든 영
락과 모든 의복과 법답고 가장 맛있는 모든 음식과 모
든 꽃과 모든 화만과 모든 향과 모든 바르는 향과 여러
가지 좋아하고 필요한 물건들을 비처럼 내리었습니다.

_{어일체처} _{구섭일체빈궁중생} _{안위일체}
於一切處에 救攝一切貧窮衆生하고 安慰一切
_{고뇌중생} _{개령환희} _{심의청정} _{성취무}
苦惱衆生하야 皆令歡喜하야 心意淸淨하야 成就無
_{상보리지도}
上菩提之道하니라

모든 곳에서 모든 빈궁한 중생을 구제하여 거두어
주고, 모든 고통받는 중생을 위로하여 다 환희하게 하
여, 마음이 청정하여 위없는 보리의 도를 성취하게 하
였습니다.

해당비구는 삼매에 들어서 처음 발바닥으로부터 정수리에 이르기까지 여러 가지 현상을 출생시키는 광경을 나타내 보인다.

먼저 수없는 백천억 장자와 거사와 바라문들이 나오는데 모두 가지가지 장엄거리로 몸을 장엄하였으며, 보배로운 관을 쓰고 정수리에 밝은 구슬을 맨 모습 등 무어라고 형언할 수 없는 훌륭한 광경들이다. 그러나 모두 수많은 장자와 거사와 바라문들이 일상에서 살아가는 모습들이다.

바라문婆羅門은 인도 4성姓의 하나이다. 정행淨行·정지淨志·정예淨裔·범지梵志라 번역한다. 인도 4성의 최고 지위에 있는 종족으로 승려의 계급이다. 바라문교의 전권專權을 장악하여 임금보다 윗자리에 있으며, 신神의 후예라 자칭하며, 정권의 배심陪審을 한다. 사실상의 신의 대표자로서 권위를 떨친다. 만일 이것을 침해하는 이는 신을 침해하는 것과 같다고 하며, 그들의 생활에는 범행梵行·가주家住·임서林棲·유행遊行의 네 시기가 있어, 어렸을 때는 부모 밑에 있다가 좀 자라면 집을 떠나 스승을 모시고 베다를 학습하고, 장년에 이르면 다시 집으로 돌아와 결혼하여 살다가, 늙으면 집안

살림을 아들에게 맡기고 산과 숲에 들어가 고행 수도한 뒤
에 나와 사방으로 다니면서 세상의 모든 일을 초탈하여 남
들이 주는 시물施物로써 생활하는 사람들이다.

(2) 두 무릎에서 나온 찰제리와 바라문

종 기 양 슬　　출 무 수 백 천 억 찰 제 리 바 라 문 중
從其兩膝하야 **出無數百千億刹帝利婆羅門衆**

　개 실 총 혜　　종 종 색 상　　종 종 형 모　　종 종 의
하니 **皆悉聰慧**하야 **種種色相**과 **種種形貌**와 **種種衣**

복 상 묘 장 엄
服上妙莊嚴으로

　두 무릎에서는 수없는 백천억 찰제리刹帝利와 바라문
들이 나오니 모두 총명하고 슬기로우며, 갖가지 색상과
갖가지 형상과 갖가지 의복으로 훌륭하게 장엄하였습
니다.

　보 변 시 방 일 체 세 계　　애 어 동 사　　섭 제 중 생
普徧十方一切世界하야 **愛語同事**로 **攝諸衆生**

소위빈자영족　　병자영유　　위자영안
하니 所謂貧者令足하고 病者令愈하고 危者令安하고

포자영지　　유우고자　　함사쾌락　　부이방
怖者令止하고 有憂苦者로 咸使快樂하며 復以方

편　　이권도지　　개령사악　　안주선법
便으로 而勸導之하야 皆令捨惡하고 安住善法하나라

시방의 모든 세계에 두루 퍼져 사랑스러운 말과 일
을 같이 하면서 모든 중생들을 거두어 주니, 이른바 가
난한 이는 넉넉하게 하고, 병든 이는 낫게 하고, 위태한
이는 편안하게 하고, 공포에 떠는 이는 무섭지 않게 하
고, 근심하는 이는 쾌락하게 하며, 또 방편으로 권장하
고 인도하여 모두 나쁜 짓을 버리고 선한 법에 머물게
하였습니다.

찰제리刹帝利는 바라문의 다음 계급으로서 역시 인도 4성
姓의 하나이다. 토지의 주인[土田主]이라 번역한다. 전쟁에 종
사하며, 관리가 되어 나라를 다스리는 종족이다. 또는 왕이
될 수 있으므로 왕족이라고도 한다. 석가모니는 이 찰제리
에 해당한다.

(3) 허리에서 나온 한량없는 신선

從其腰間하야 出等衆生數無量仙人하니 或服
종기요간   출등중생수무량선인   혹복

草衣하며 或樹皮衣하고 皆執澡瓶하야 威儀寂靜하며
초의   혹수피의   개집조병   위의적정

周旋往返十方世界하야 於虛空中에 以佛妙音으로
주선왕반시방세계   어허공중   이불묘음

稱讚如來하고 演說諸法하며
칭찬여래   연설제법

허리에서는 중생의 수효와 같은 한량없는 신선[仙人]
들이 나오는데 혹 풀 옷을 입고, 혹 나무껍질 옷을 입기
도 하고, 다들 물병을 들고 위의가 조용하여 시방세계
로 다니면서 공중에서 부처님의 묘한 음성으로 여래를
칭찬하고 법을 연설하였습니다.

或說淸淨梵行之道하야 令其修習하야 調伏諸
혹설청정범행지도   영기수습   조복제

根하며 或說諸法이 皆無自性하야 使其觀察하야 發
근   혹설제법   개무자성   사기관찰   발

생 지 혜 　　　혹 설 세 간 언 륜 궤 칙 　　혹 부 개 시 일
生智慧하며 **或說世間言輪軌則**하며 **或復開示一**

체 지 지 출 요 방 편 　　영 수 차 제 　　각 수 기 업
切智智出要方便하야 **令隨次第**하야 **各修其業**하니라

　혹은 청정한 범행을 말하여 닦아 익히고 여러 감관을
조복케 하며, 혹은 모든 법이 제 성품이 없다고 말하여
자세히 살피고 지혜를 내게 하며, 혹은 세간의 논란하는
법을 말하기도 하고, 혹은 일체 지혜의 지혜와 벗어나는
방편을 말하여 차례대로 업을 닦게 하기도 하였습니다.

　선인仙人이란 범어로는 리시呷始인데, 세간을 떠나 산수
山水 좋은 데 있으면서 신통변화가 자재한 술법이 있는 사람
이다. 또는 바라문교 등 외도의 수행자로서 신통력이 있는
사람을 일컫는다.

　(4) 두 옆구리에서 나온 용과 용녀

종 기 양 협 　　출 부 사 의 용 　부 사 의 용 녀 　　시
從其兩脇하야 **出不思議龍**과 **不思議龍女**하야 **示**

현부사의제용신변　소위우부사의향운　부
現不思議諸龍神變하니 所謂雨不思議香雲과 不

사의화운　부사의만운　부사의보개운　부사
思議華雲과 不思議鬘雲과 不思議寶蓋雲과 不思

의보번운
議寶幡雲과

　두 옆구리로 부사의한 용과 부사의한 용의 여자를
내며 부사의한 용의 신통변화를 나타내 보이니, 이른바
부사의한 향 구름과 부사의한 꽃 구름과 부사의한 화만
구름과 부사의한 보배 일산 구름과 부사의한 보배 번기
구름과

부사의묘보장엄구운　부사의대마니보운
不思議妙寶莊嚴具雲과 不思議大摩尼寶雲과

부사의보영락운　부사의보좌운　부사의보
不思議寶瓔珞雲과 不思議寶座雲과 不思議寶

궁전운　부사의보련화운　부사의보관운
宮殿雲과 不思議寶蓮華雲과 不思議寶冠雲과

　부사의한 묘한 보배 장엄거리 구름과 부사의한 큰

마니보배 구름과 부사의한 보배 영락 구름과 부사의한
보배 자리 구름과 부사의한 보배 궁전 구름과 부사의한
보배 연꽃 구름과 부사의한 보배 관冠 구름과

不思議天身雲과 不思議婇女雲하야 悉徧虛空
하야 而爲莊嚴하고 充滿一切十方世界諸佛道場하야
而爲供養하야 令諸衆生으로 皆生歡喜하니라

부사의한 하늘 몸 구름과 부사의한 채녀 구름을 비
처럼 내리어 허공에 두루 장엄하고 일체 시방세계의 모
든 부처님 도량에 가득하여 공양하며, 모든 중생들로
하여금 다 기쁜 마음을 내게 하였습니다.

용龍은 범어로 nāga이다. 8부중의 하나로 불법을 수호
하는 신이다. 본래 인도에 사는 용의 종족들이 뱀을 숭배하
는 신화에서 일어난 것이다. 사람의 얼굴과 사람의 형체로

갓 위에 용의 모양을 표하고 신력이 있어 구름과 비를 변화
시킨다고 한다.

(5) 가슴의 만卍 자에서 나온 아수라왕

종 흉 전 만 자 중　　출 무 수 백 천 억 아 수 라 왕
從胸前卍字中하야 出無數百千億阿修羅王하니

개 실 시 현 불 가 사 의 자 재 환 력　　영 백 세 계　　개
皆悉示現不可思議自在幻力하야 令百世界로 皆

대 진 동　　일 체 해 수　　자 연 용 비　　일 체 산 왕
大震動하야 一切海水가 自然涌沸하고 一切山王이

호 상 충 격
互相衝擊하고

　가슴의 만卍 자에서는 수없는 백천억 아수라왕을 내
니 모두 헤아릴 수 없이 자유자재한 환술의 힘을 나타
내 보여서 백 세계를 진동케 하며, 모든 바닷물은 저절
로 치솟고, 모든 산들은 서로 부딪치며,

　아수라阿修羅는 범어로 asura이다. 6도의 하나며, 10계界

의 하나이다. 아소라阿素羅 · 아소락阿素洛 · 아수륜阿須倫이라 음역한다. 줄여서 수라修羅 · 비천非天 · 비류非類 · 부단정不端正이라 번역하는데, 싸우기를 좋아하는 귀신이다. 인도에서 가장 오랜 신의 하나이다. 리그베다에서는 가장 수승한 성령性靈이란 뜻으로 사용하기도 한다. 이후에는 무서운 귀신으로 인식되었다.

제천궁전　무부동요　　제마광명　무불은
諸天宮殿이 無不動搖하고 諸魔光明이 無不隱

폐　　제마병중　무불최복　　보령중생　　사
蔽하고 諸魔兵衆이 無不摧伏하며 普令衆生으로 捨

교만심　　제노해심　　파번뇌산　　식중악법
憍慢心하고 除怒害心하고 破煩惱山하고 息衆惡法

　장무투쟁　　영공화선
하고 長無鬪諍하야 永共和善하며

하늘의 궁전은 모두 흔들리고, 마魔의 광명은 모두 가려지고, 마의 군중들은 모두 부서지며, 널리 중생들로 하여금 교만한 마음을 버리게 하고, 성내는 마음을 없애고, 번뇌의 산을 파괴하고, 나쁜 법들을 쉬게 하여 투쟁은 없어지고, 영원히 화평하고 선량하게 하였습니다.

부이환력   개오중생   영멸죄악   영포
復以幻力으로 開悟衆生하야 令滅罪惡하고 令怖

생사   영출제취   영리염착   영주무상보
生死하고 令出諸趣하고 令離染着하고 令住無上菩

리지심   영수일체제보살행
提之心하고 令修一切諸菩薩行하고

또 환술의 힘으로 중생들을 깨우쳐서 죄악은 소멸시키고, 생사를 무서워하게 하며, 여러 길에서 벗어나고 물드는 집착을 여의어 위없는 보리심에 머물게 하며, 일체 모든 보살의 행을 닦게 하였습니다.

영주일체제바라밀   영입일체제보살지
令住一切諸波羅蜜하고 令入一切諸菩薩地하고

영관일체미묘법문   영지일체제불방편
令觀一切微妙法門하고 令知一切諸佛方便하야

여시소작　주변법계
如是所作이 **周徧法界**하니라

　일체 모든 바라밀다에 머물게 하며, 일체 모든 보살
의 지위에 들어가게 해서 모든 미묘한 법문을 관찰하게
하고, 일체 모든 부처님의 방편을 알게 하니, 이와 같이
하는 일이 법계에 두루 하였습니다.

(6) 등에서 나온 성문과 독각

종기배상　　위응이이승　　이득도자　　출
從其背上하야 **爲應以二乘**으로 **而得度者**하야 **出**

무수백천억성문독각　　위착아자　　설무유아
無數百千億聲聞獨覺하니 **爲着我者**하야 **說無有我**

　　위집상자　　설일체행　개실무상
하며 **爲執常者**하야 **說一切行**이 **皆悉無常**하며

　등으로부터는 응당 이승二乘으로 제도할 이를 위하여
수없는 백천억 성문과 독각을 나타내나니 '나'에 집착
한 이를 위하여 '나'가 없다[無我]고 말하고, 항상하다고
집착하는 이를 위해서 일체 행이 모두 다 무상하다고

말합니다.

　근본불교나 초기불교에서는 무아의 이치를 가장 많이 설하는데 그것은 모두 지나치게 '나'에 집착한 이를 위하여 설한 것이다. 또 제행무상을 많이 설하는데 그것도 역시 모든 것이 항상하여 변하지 않는다고 지나치게 집착하는 이들을 위하여 설하는 것이다. 이것이 모두 초기불교의 가르침이며 소승불교의 가르침이다.

爲貪行者_{하야} 說不淨觀_{하며} 爲瞋行者_{하야} 說慈心觀_{하며} 爲癡行者_{하야} 說緣起觀_{하며} 爲等分行者_{하야} 說與智慧相應境界法_{하며}

　탐심이 많은 이를 위해서는 부정하다는 관觀을 하라 말하고, 성내는 일이 많은 이를 위해서는 인자한 관을 하라 말하고, 어리석은 이를 위해서는 인연으로 일어남을 관하라 말하고, 이 세 가지가 균등한 이를 위해서는 지혜와 서로 응하는 경계의 법을 말합니다.

또 이성에 대한 탐욕이 많은 사람들에게는 인간의 육체는 부정한 것임을 관찰하라고 가르친다. 예컨대 젊고 어여쁜 사람을 보고도 죽은 사람의 뼈를 관찰하거나 혹은 죽은 시체가 썩어서 지독한 냄새가 나고 온갖 벌레가 끓고 있는 모습을 관찰하는 것 등이다.

또 진심은 자비의 반대이기 때문에 진심이 많은 사람에게는 자비관을 하라고 가르친다. 자비심이 많은 사람이 어찌 다른 사람에게 화를 내겠는가.

또 불교에서는 세상사의 이치를 모르는 어리석은 사람은 인연이나 연기나 인과의 이치를 모르기 때문에 연기의 이치를 관찰하라고 가르친다. 또는 탐·진·치 삼독이 골고루 있는 사람도 있다. 그들에게는 지혜와 서로 응하는 경계의 법을 설해 준다.

이와 같은 초기불교의 관법수행을 오정심관五停心觀이라 하는데 이를 또는 오도관문五度觀門·오도문五度門·오문선五

門禪 · 오문五門 · 오관五觀 · 오념五念이라 한다. 마음의 다섯 가지 허물을 정지시키는 5종의 관법이라는 뜻이다. 부정관不淨觀 · 자비관慈悲觀 · 인연관因緣觀 · 계분별관界分別觀 · 수식관數息觀이다. 특히 수식관은 근래에 남방의 초기불교 또는 근본불교가 한국에 많이 유입되어 선원에서도 간화선법과 함께 행해지고 있다. 일찍이 보살대승불교를 받아들여 놓고도 그것을 실천하기 어려워서 다시 자기의 안녕만을 위하는 소승불교로 전락하고 있는 실정이다.

　　　　위 낙 착 경 계 자　　　설 무 소 유 법　　　위 낙 착 적
　　　　爲樂着境界者하야 說無所有法하며 爲樂着寂

　　정 처 자　　　설 발 대 서 원 보 요 익 일 체 중 생 법
　　靜處者하야 說發大誓願普饒益一切衆生法하니

　여 시 소 작　　주 변 법 계
　如是所作이 周徧法界하니라

　　경계에 애착한 이를 위해서는 아무것도 없는 법을 말하고, 고요한 처소에 집착한 이를 위해서는 큰 서원을 내어 모든 중생을 두루 이익하게 하는 법을 말하나

니, 이런 일들이 법계에 두루 하였습니다.

또 대승불교를 지향하는 한국에서 고요한 처소에 집착하여 평생을 아무 일도 없이 고요히 지내는 사람들이 얼마나 많은가. 모두가 중생들을 이익하게 하려는 원력이 없기 때문이다. 해제 중에는 육환장을 짚고 세상의 거리를 돌아다니면서 육바라밀의 보살행을 실천하라고 육환장의 가르침을 내렸건만 해제 중에 한 사람도 육바라밀을 실천하는 사람을 볼 수가 없다. 심지어 산철결제라고 하여 해제 중에도 줄기차게 앉아서 세월을 죽이고 있다. 보살대승불교를 하루빨리 일으켜야 한다. 원효스님과 의상스님이 하루빨리 돌아와야 할 것이다.

(7) 두 어깨에서 나온 야차와 나찰

종 기 양 견　　출 무 수 백 천 억 제 야 차 나 찰 왕
從其兩肩하야 出無數百千億諸夜叉羅刹王하니

종 종 형 모　 종 종 색 상　 혹 장 혹 단　　개 가 포 외
種種形貌와 種種色相이 或長或短하야 皆可怖畏

무량권속 이자위요 수호일체행선중
어든 **無量眷屬**이 **而自圍繞**하야 **守護一切行善衆**

생 병제현성보살중회 약향정주 급정주자
生과 **幷諸賢聖菩薩衆會**와 **若向正住**와 **及正住者**

하며

또 두 어깨에서는 수없는 백천억 모든 야차와 나찰
왕들이 나오는데 갖가지 형상과 갖가지 색상으로 길기
도 하고 짧기도 하여 모두 무서운데, 한량없는 권속에
게 둘러싸여서 착한 일을 하는 모든 중생과 여러 성현
과 보살 대중과 바르게 머무는 데로 향하는 이나 바르
게 머무는 이를 수호합니다.

야차夜叉는 범어로 yaka이다. 8부중部衆의 하나로서 약
차藥叉·열차閱叉라 음역한다. 위덕威德·포악暴惡·용건勇健·
귀인貴人·첩질귀捷疾鬼·사제귀祠祭鬼라 번역한다. 나찰과 함
께 비사문천왕의 권속으로 북방을 수호하는데 이에 천야차
天夜叉·지야차地夜叉·허공야차虛空夜叉의 3종이 있다. 천야차
·허공야차는 날아다니지만 지야차는 날지 못한다.

또 나찰羅刹은 범어로 rākasa라 한다. 또는 라찰사羅刹娑

·羅察娑·라차사羅叉娑이다. 번역하여 가외可畏·호자護者·속질귀速疾鬼·식인귀食人鬼라 한다. 악귀惡鬼의 이름이다. 야차夜叉와 함께 비사문천毘沙門天의 권속이라 하며, 혹은 지옥에 있는 귀신이라고도 한다. 그 여성을 라찰사(羅刹私, rākasā)라 하는데 즉 나찰녀羅刹女이다.

나찰녀에는 십나찰녀十羅刹女가 있는데 귀자모신鬼子母神 및 그 권속과 법화경을 외우는 이들을 수호하려고 서원한 10나찰녀이다. 남바藍婆·비람바毘藍婆·곡치曲齒·화치華齒·흑치黑齒·다발多髮·무염족無厭足·지영락持瓔珞·고체皐諦·탈일체중생정기奪一切衆生精氣이다. 법화경 제8 다라니품에 있는 내용이다.

혹 시 현 작 집 금 강 신　　수 호 제 불　　급 불 주 처
或時現作執金剛神하야 **守護諸佛**과 **及佛住處**
하며

혹 어떤 때는 집금강신執金剛神으로 나타나서 부처님과 부처님 계신 데를 수호합니다.

혹 변 수 호 일 체 세 간　　유 포 외 자　　영 득 안 은
或偏守護一切世間하야 **有怖畏者**는 **令得安隱**

　　유 질 병 자　　영 득 제 차　　유 번 뇌 자　　영 득 면
하고 **有疾病者**는 **令得除瘥**하고 **有煩惱者**는 **令得免**

리
離하고

혹 어떤 때는 모든 세간을 두루 수호하되 무서워하
는 이를 편안하게 하고, 병난 이는 쾌차하게 하고, 번뇌
가 있는 이는 번뇌를 떠나게 합니다.

　　유 과 오 자　　영 기 염 회　　유 재 횡 자　　영 기 식
有過惡者는 **令其厭悔**하고 **有災橫者**는 **令其息**

멸　　여 시 이 익 일 체 중 생　　개 실 영 기 사 생 사
滅하야 **如是利益一切衆生**하야 **皆悉令其捨生死**

륜　　전 정 법 륜
輪하고 **轉正法輪**하니라

허물이 있는 이는 뉘우치게 하고, 횡액이 있는 이는
없어지게 하나니, 이와 같이 일체 중생을 이익하게 하
여 그들로 하여금 생사의 윤회를 버리고 바른 법륜을

굴리게 하였습니다.

야차와 나찰은 일반적으로는 모두 악한 귀신으로 되어
있으나 이와 같이 화엄경에서는 부처님과 부처님의 처소와
불법과 수행자들을 수호하고 또는 일체 중생을 이익하게 하
는 선신으로 등장한다.

(8) 배에서 나온 긴나라왕과 건달바왕

종기복 　　출무수백천억긴나라왕 　각유무
從其腹하야 **出無數百千億緊那羅王**하니 **各有無**

수긴나라녀 　전후위요
數緊那羅女하야 **前後圍繞**하며

배에서는 수없는 백천억 긴나라왕이 나오는데 각각
무수한 긴나라 여인들이 있어서 앞뒤로 둘러싸였습
니다.

긴나라緊那羅는 범어로 Kinara이다. 또는 긴나라緊拏羅 ·
긴타라緊陀羅 · 긴날락緊捺洛 · 견타라甄陀羅 · 진타라眞陀羅라고

도 하는데, 번역하여 의인疑人 · 의신疑神 · 인비인人非人이라 한다. 또 가신歌神 · 가악신歌樂神 · 음악신音樂神이라고도 한다. 8부중部衆의 하나이다. 사람인지 짐승인지 또는 새인지 일정하지 않고, 노래하고 춤추는 하늘의 악신樂神이다. 혹은 사람 머리에 새의 몸을 하고, 또는 말 머리에 사람의 몸을 하는 등 그 형상도 일정하지 않다.

우 출 무 수 백 천 억 건 달 바 왕 　 각 유 무 수 건 달
又出無數百千億乾闥婆王하니 **各有無數乾闥**

바 녀 　 전 후 위 요 　 각 주 무 수 백 천 천 악 　 가 영
婆女가 **前後圍繞**하며 **各奏無數百千天樂**하야 **歌詠**

찬 탄 제 법 실 성 　 가 영 찬 탄 일 체 제 불 　 가 영 찬
讚歎諸法實性하며 **歌詠讚歎一切諸佛**하며 **歌詠讚**

탄 발 보 리 심
歎發菩提心하며

또 수없는 백천억 건달바왕이 나오는데 각각 무수한 건달바 여인들이 앞뒤로 둘러싸고 있으면서, 각각 수없는 백천의 하늘 음악을 연주하여 모든 법의 참성품을

노래하며 찬탄하고, 일체 모든 부처님을 노래하며 찬탄하고, 보리심 발한 것을 노래하며 찬탄하였습니다.

건달바乾闥達는 범어로 gandharva라 한다. 또는 건달박健達縛·건달바健達婆·언달바彥達婆·건답화健沓和·헌달박嶻達縛이라고도 한다. 번역하여 심향행尋香行·심향尋香·식향食香·후향齅香이라 한다. 8부중部衆의 하나로서 제석帝釋의 음악을 맡은 신이다. 지상地上의 보산寶山 중에 있으며, 술과 고기를 먹지 않고 향기만 먹으므로 이같이 이름한다. 항상 부처님이 설법하는 자리에 나타나 정법正法을 찬탄하고 불교를 수호한다. 또는 인도에서 음악을 직업으로 하는 사람을 말하기도 한다. 음식의 향기만을 찾아 그 문 앞에 가서 춤추고 노래하여 음식을 얻어 살아가므로 이같이 이른다. 또는 중음신中陰身을 일컫기도 한다. 중음신은 향기만 맡으므로 식향食香이라 하고, 혹은 다음에 태어날 곳에 냄새를 찾아다니므로 심향행尋香行이라고도 한다.

歌詠讚歎修菩薩行하며 歌詠讚歎一切諸佛成

正覺門하며 歌詠讚歎一切諸佛轉法輪門하며 歌

詠讚歎一切諸佛現神變門하며

보살행 닦는 것을 노래하며 찬탄하고, 일체 모든 부처님이 바른 깨달음 이루는 문을 노래하며 찬탄하고, 일체 모든 부처님이 법륜 굴리는 문을 노래하며 찬탄하고, 일체 모든 부처님이 신통변화 나타내는 문을 노래하며 찬탄하였습니다.

開示演說一切諸佛般涅槃門하며 開示演說守

護一切諸佛教門하며 開示演說令一切衆生皆歡

喜門하며 開示演說嚴淨一切諸佛刹門하며

일체 모든 부처님이 열반에 드시는 문을 열어 보이

며 연설하고, 일체 모든 부처님의 가르침을 수호하는
문을 열어 보이며 연설하고, 일체 중생을 기쁘게 하는
문을 열어 보이며 연설하고, 일체 모든 부처님 세계를
깨끗이 하는 문을 열어 보이며 연설하였습니다.

개 시 연 설 현 시 일 체 미 묘 법 문　　개 시 연 설 사
開示演說顯示一切微妙法門하며 **開示演說捨**

리 일 체 제 장 애 문　　개 시 연 설 발 생 일 체 제 선 근
離一切諸障礙門하며 **開示演說發生一切諸善根**

문　　여 시 주 변 시 방 법 계
門하야 **如是周徧十方法界**하니라

　모든 미묘한 법을 드러내 보이는 문을 열어 보이며
연설하고, 일체 모든 장애를 여의는 문을 열어 보이며
연설하고, 일체 모든 착한 뿌리를 나게 하는 문을 열어
보이며 연설하여, 이와 같이 시방법계에 두루 하였습
니다.

(9) 얼굴에서 나온 전륜성왕

從其面門_{하야} 出無數百千億轉輪聖王_{하니} 七

寶具足_{하고} 四兵圍繞_{하며} 放大捨光_{하고} 雨無量寶

_{하야} 諸貧乏者_로 悉使充足_{하야} 令其永斷不與取

行_{하며}

얼굴로는 수없는 백천억 전륜성왕이 나오는데, 칠보
가 구족하고 네 가지 군대가 둘러싸며 크게 베푸는 광
명을 놓으며, 한량없는 보배를 비처럼 내려 모든 가난
한 이를 다 만족하게 하여 그들로 하여금 영원히 훔치
는 행을 끊게 하였습니다.

전륜성왕轉輪聖王은 전륜왕이라고도 하는데 범어로는
Cakra-varti-rāja이다. 작가라벌랄저알라사斫迦羅伐辣底遏羅闍
·작가라발라저斫迦邏跋羅底·자가월라遮加越羅라 음역한다.
전륜성왕·전륜성제轉輪聖帝라 번역하고 줄여서 윤왕 또는 비
행황제라고도 한다. 수미須彌 4주洲의 세계를 통솔하는 대왕

이다. 이 왕은 몸에 32상을 갖추었으며 즉위할 때에는 하늘로부터 윤보輪寶를 감득感得하는데, 이 윤보를 굴리면서 사방을 위엄으로 굴복시키므로 전륜왕이라 불린다. 또한 공중을 날아다니므로 비행황제라고도 불린다. 증겁增劫에 인수人壽 2만 세 이상에 이르면 이 왕이 세상에 나고, 감겁減劫에는 인수 무량세에서 8만 세까지의 사이에 나타난다고 한다. 윤보에는 금·은·동·철의 네 종류가 있어 이들 윤보의 종류에 따라 왕의 이름이 나뉜다. 즉 금륜왕은 수미 4주를 통치하고, 은륜왕은 동·서·남 3주를 통치하고, 동륜왕은 동·남 2주를 통치하고, 철륜왕은 남섬부주의 1주를 통치한다고 하였다. 그래서 달리 금륜왕金輪王·동륜왕銅輪王·은륜왕銀輪王·철륜왕鐵輪王이라고도 부른다.

단 정 채 녀 무 수 백 천　　실 이 사 시　　심 무 소 착
端正婇女無數百千을 悉以捨施호대 心無所着

영 기 영 단 사 음 지 행　　영 생 자 심　　부 단 생
하야 令其永斷邪淫之行하며 令生慈心하야 不斷生

명
命하며

    단정한 무수 백천 채녀들에게 모두 보시하면서 마음에 집착함이 없어 그들로 하여금 영원히 음란한 행을 끊게 하며, 인자한 마음을 내어 생명을 죽이지 않게 합니다.

    영 기 구 경 상 진 실 어　　부 작 허 광 무 익 담 설
令其究竟常眞實語하야 **不作虛誑無益談說**하며

영 섭 타 어　　불 행 이 간　　영 유 연 어　　무 유 추 악
令攝他語하야 **不行離間**하며 **令柔軟語**하야 **無有麤惡**
하며

    끝까지 항상 진실한 말을 하게 하여 허황되고 이익이 없는 말을 하지 않게 하며, 남을 거두어 주는 말을 하고 이간질하지 않게 하며, 부드러운 말을 하고 추악한 말이 없게 하였습니다.

영상 연설 심심 결정 명료 지 의　　　부 작 무 의 기
令常演說甚深決定明了之義하야 不作無義綺

식 언 사　　　위 설 소 욕　　　영 제 탐 애　　　심 무 하 구
節言辭하며 爲說少欲하야 令除貪愛하야 心無瑕垢
하며

항상 깊고 결정하여 분명한 뜻을 연설하고 소용없고
꾸미는 말을 하지 않게 하며, 욕심이 없을 것을 말하여
탐욕을 없애고 때 낀 마음이 없게 하였습니다.

위 설 대 비　　　영 제 분 노　　　의 득 청 정　　　위 설
爲說大悲하야 令除忿怒하야 意得淸淨하며 爲說

실 의　　　영 기 관 찰 일 체 제 법　　　심 입 인 연　　　선
實義하야 令其觀察一切諸法호대 深入因緣하야 善

명 제 리　　　발 사 견 자　　　파 의 혹 산　　　일 체 장 애
明諦理하야 拔邪見剌하고 破疑惑山하야 一切障礙

실 개 제 멸　　　여 시 소 작　　충 만 법 계
를 悉皆除滅하야 如是所作이 充滿法界하니라

크게 가엾이 여김을 말하여 분노를 제거하고 뜻을
청정케 하며, 참된 이치를 설하여 그들로 하여금 일체

모든 법을 관찰하게 하되 인연에 깊이 들어가 진실한 이치를 잘 밝혀서 삿된 소견의 가시를 없애며, 의혹의 산을 깨뜨리고 모든 장애를 다 제멸케 하여 이와 같이 하는 일이 법계에 가득하였습니다.

전륜성왕이 세상에서 하는 일을 낱낱이 열거하였다. 과연 성왕聖王이라 할 만하다. 사람이 그 자리에 있으면 그 일을 할 수 있다고 하였다. 왕의 자리에서는 악한 일도 크게 할 수 있으며, 반대로 선한 일도 이와 같이 크게 할 수 있다. 사찰의 주지라는 자리에서 할 수 있는 일과 평범한 대중으로 할 수 있는 일은 하늘과 땅의 차이가 있다. 하물며 왕의 자리야 말해 무엇하겠는가. 그래서 사람들은 그 자리를 차지하려고 목숨을 거는 것인가.

(10) 두 눈에서 나온 해

종 기 양 목　　　출 무 수 백 천 억 일 륜　　　보 조 일
從其兩目하야 出無數百千億日輪하니 普照一

체 제 대 지 옥　　급 제 악 취　　개 영 리 고
切諸大地獄과 及諸惡趣하야 皆令離苦하며

　두 눈에서는 수없는 백천억 해가 나오는데, 일체 모
든 큰 지옥과 모든 나쁜 길을 널리 비추어 괴로움을 모
두 여의게 합니다.

우 조 일 체 세 계 중 간　　영 제 흑 암　　우 조 일
又照一切世界中間하야 令除黑暗하며 又照一

체 시 방 중 생　　개 령 사 리 우 치 예 장
切十方衆生하야 皆令捨離愚癡翳障하고

　또 모든 세계의 중간을 비추어 어두움을 제거하게
하며, 또 모든 시방의 중생을 비추어 어리석은 장애를
여의게 합니다.

어 구 탁 국 토　　방 청 정 광　　백 은 국 토　　방 황
於垢濁國土에 放清淨光하며 白銀國土에 放黃

금 색 광　　황 금 국 토　　방 백 은 색 광
金色光하고 黃金國土에 放白銀色光하며

더러운 국토에는 청정한 광명을 놓고, 은빛 국토에는 황금빛 광명을 놓고, 황금빛 국토에는 은빛 광명을 놓습니다.

瑠璃國土_에 放玻瓈色光_{하고} 玻瓈國土_에 放瑠璃色光_{하며} 硨磲國土_에 放瑪瑙色光_{하고} 瑪瑙國土_에 放硨磲色光_{하며}

유리 국토에는 파려빛 광명을 놓고, 파려 국토에는 유리빛 광명을 놓고, 자거 국토에는 마노빛 광명을 놓고, 마노 국토에는 자거빛 광명을 놓습니다.

帝青國土_에 放日藏摩尼王色光_{하고} 日藏摩尼王國土_에 放帝青色光_{하며} 赤眞珠國土_에 放月光

망 장 마 니 왕 색 광 　　월 광 망 장 마 니 왕 국 토 　　방
網藏摩尼王色光하고 月光網藏摩尼王國土에 放

적 진 주 색 광
赤眞珠色光하며

　제청帝青보배 국토에는 일장마니왕日藏摩尼王 빛 광명을 놓
고 일장마니왕 국토에는 제청보배빛 광명을 놓으며, 적진
주 국토에는 월광망장마니왕月光網藏摩尼王 빛 광명을 놓고 월
광망장마니왕 국토에는 적진주빛 광명을 놓습니다.

일 보 소 성 국 토 　　방 종 종 보 색 광 　　　종 종 보 소
一寶所成國土에 放種種寶色光하고 種種寶所

성 국 토 　　방 일 보 색 광 　　조 제 중 생 심 지 조 림
成國土에 放一寶色光하야 照諸眾生心之稠林하며

판 제 중 생 　　무 량 사 업 　　엄 식 일 체 세 간 경 계
辦諸眾生의 無量事業하며 嚴飾一切世間境界하야

영 제 중 생 　　심 득 청 량 　　생 대 환 희 　　여 시 소
令諸眾生으로 心得清涼하야 生大歡喜하니 如是所

작 　　충 만 법 계
作이 充滿法界하니라

한 보배로 된 국토에는 갖가지 보배빛 광명을 놓고, 갖가지 보배로 된 국토에는 한 보배빛 광명을 놓아서 모든 중생의 마음 숲을 비추어 모든 중생들의 한량없는 사업을 짓게 하며, 온갖 세간의 경계를 장엄하여 모든 중생들로 하여금 마음을 맑게 해서 기쁨을 내게 하였으니, 이와 같이 하는 일이 법계에 가득하였습니다.

세상에 밝은 태양이 있다면 사람에게는 저 태양과 같은 두 눈이 있다. 그래서 두 눈에서 나온 태양을 들어 온갖 세상을 밝게 비추는 현상들을 밝혔다.

(11) 미간백호에서 나온 제석

종기미간백호상중   출무수백천억제석
從其眉間白毫相中하야 出無數百千億帝釋하니

개어경계   이득자재   마니보주   계기정상
皆於境界에 而得自在하며 摩尼寶珠로 繫其頂上

광조일체제천궁전   진동일체수미산왕
하며 光照一切諸天宮殿하며 震動一切須彌山王하며

미간의 흰 털에서는 수없는 백천억 제석이 나오는데 모두 경계에 대하여 자유자재하게 되었고, 마니구슬을 정수리에 매었으니 광명이 일체 모든 하늘 궁전에 비치어 모든 수미산왕들을 진동합니다.

제석帝釋은 범어로 Śakra Devānāmindra이다. 석제환인다라釋提桓因陀羅 · 석가제바인다라釋迦提婆因陀羅라고 하는데 제帝는 인다라의 번역이고, 석釋은 석가釋迦의 음역이다. 한문과 범어를 함께 한 이름이다. 수미산 꼭대기 도리천의 임금이다. 선견성善見城에 살면서 4천왕과 32천을 통솔하면서 불법과 불법에 귀의하는 사람을 보호하며 아수라의 군대를 정벌한다는 하늘 임금이다.

각 오 일 체 제 천 대 중　　　탄 복 덕 력　　　설 지 혜
覺悟一切諸天大衆하며 歎福德力하며 說智慧

력　　생 기 낙 력　　지 기 지 력　　정 기 염 력　　　견
力하며 生其樂力하며 持其志力하며 淨其念力하며 堅

기 소 발 보 리 심 력
其所發菩提心力하며

　일체 모든 하늘 대중을 깨우치며, 복덕의 힘을 찬탄하고, 지혜의 힘을 말하며, 그 좋아하는 힘을 내고, 그 뜻을 두는 힘을 지니고, 그 생각하는 힘을 깨끗이 하고, 보리심을 내는 바의 힘을 굳게 합니다.

찬 낙 견 불　　영 제 세 욕　　찬 낙 문 법　　영 염
讚樂見佛하야 **令除世欲**하며 **讚樂聞法**하야 **令厭**

세 경　　찬 낙 관 지　　영 절 세 염　　지 수 라 전
世境하며 **讚樂觀智**하야 **令絶世染**하며 **止修羅戰**하고

단 번 뇌 쟁
斷煩惱諍하며

　부처님 보기를 좋아한다고 찬탄하여 세상의 탐욕을 제거하며, 법문 듣기를 좋아한다고 찬탄하여 세상의 경계를 싫어하게 하며, 관찰하는 지혜를 좋아한다고 찬탄하여 세상의 물듦을 끊게 하며, 아수라의 전쟁을 그치고 번뇌의 다툼을 끊습니다.

멸포사심　　발항마원　　흥립정법수미산

滅怖死心하고 發降魔願하며 興立正法須彌山

왕　　성판중생일체사업　　여시소작　주변법

王하고 成辦衆生一切事業하야 如是所作이 周徧法

계

界하니라

죽기를 두려워하는 마음을 없애고 마군을 항복받을
원을 내며, 바른 법의 수미산왕을 세우고 중생의 모든
사업을 마련하나니, 이와 같이 하는 일이 법계에 두루
하였습니다.

(12) 이마에서 나온 범천

종기액상　　출무수백천억범천　　색상단

從其額上하야 出無數百千億梵天하니 色相端

엄　　세간무비　　위의적정　　언음미묘　　권

嚴하야 世間無比하며 威儀寂靜하고 言音美妙하며 勸

불설법　　탄불공덕　　영제보살　　실개환희

佛說法하고 歎佛功德하야 令諸菩薩로 悉皆歡喜하며

능 판 중 생　　무 량 사 업　　보 변 일 체 시 방 세 계
能辦衆生의 無量事業하야 普徧一切十方世界하니라

이마에서는 수없는 백천억 범천이 나오는데 모습이
단정하여 세간에 비길 데 없고, 위의가 조용하고 음성
이 아름다워 부처님께 권하여 법을 연설하며, 부처님의
공덕을 찬탄하여 모든 보살들을 다 기쁘게 하며, 중생
들의 한량없는 사업을 마련하여 모든 시방세계에 널리
두루 하였습니다.

범천梵天은 범어로 brahma-deva이다. 바라하마천婆羅賀
麽天이라고도 쓴다. 색계 초선천이다. 범은 맑고 깨끗하다는
뜻이다. 이 하늘은 욕계의 음욕을 여의어서 항상 깨끗하고
조용하므로 범천이라 한다. 여기에 세 하늘이 있으니 범중
천ㆍ범보천ㆍ대범천인데 범천이라 통칭한다. 범천이라 할
때는 초선천의 주主인 범천왕을 가리킨다.

(13) 머리 위에서 나온 보살대중

종기두상   출무량불찰미진수제보살중
從其頭上하야 **出無量佛刹微塵數諸菩薩衆**하니

실이상호   장엄기신   방무변광   설종종행
悉以相好로 **莊嚴其身**하며 **放無邊光**하야 **說種種行**
하니

머리 위에서는 한량없는 부처님 세계의 미진수 모든
보살대중이 나오는데 모두 훌륭한 모습으로 그 몸을 장
엄하고, 그지없는 광명을 놓으며 갖가지 행을 말하였습
니다.

소위찬탄보시   영사간탐   득중묘보
所謂讚歎布施하야 **令捨慳貪**하고 **得衆妙寶**하야

장엄세계
莊嚴世界하며

이른바 보시를 찬탄하여 아끼고 탐하는 것을 버리고
온갖 묘한 보배들을 얻어 세계를 장엄하게 하였습니다.

칭양찬탄지계공덕　　영제중생　　영단제
稱揚讚歎持戒功德하야 **令諸衆生**으로 **永斷諸**

악　　주어보살대자비계
惡하고 **住於菩薩大慈悲戒**하며

계율을 지키는 공덕으로 찬탄하여 모든 중생들로 하
여금 모든 나쁜 짓을 영원히 끊고 보살들의 크게 자비
한 계율에 머물게 하였습니다.

설일체유　　실개여몽　　설제욕락　　무유자
說一切有가 **悉皆如夢**하고 **說諸欲樂**이 **無有滋**

미　　영제중생　　이번뇌박
味하야 **令諸衆生**으로 **離煩惱縛**하며

모든 것이 꿈과 같다고 말하며 모든 욕락이 재미가
없다고 말하여 모든 중생들로 하여금 번뇌의 속박을 여
의게 하였습니다.

설인욕력　　영어제법　심득자재　　찬금
說忍辱力하야 **令於諸法**에 **心得自在**하며 **讚金**

색신　　　영제중생　　이진에구　　기대치행
色身하야 令諸衆生으로 離瞋恚垢하고 起對治行하야

절축생도
絶畜生道하며

참는 힘을 말하여 모든 법에 마음이 자재하게 하였
으며, 금빛 몸을 칭찬하여 모든 중생들로 하여금 성내
는 때를 떠나고 다스리는 행을 일으켜 축생의 길을 끊
게 하였습니다.

탄정진행　　　영기원리세간방일　　개실근
歎精進行하야 令其遠離世間放逸하고 皆悉勤

수무량묘법
修無量妙法하며

꾸준히 노력하는 행을 찬탄하여 세간에서 방일하는
일을 여의고 한량없는 묘한 법을 부지런히 닦게 하였습
니다.

우 위 찬 탄 선 바 라 밀   영 기 일 체   심 득 자 재
又爲讚歎禪波羅蜜하야 令其一切로 心得自在하며

또 선바라밀을 찬탄하여 모든 사람들로 하여금 마음
에 자유자재함을 얻게 하였습니다.

우 위 연 설 반 야 바 라 밀   개 시 정 견   영 제
又爲演說般若波羅蜜하야 開示正見하야 令諸

중 생   낙 자 재 지   발 제 견 독
衆生으로 樂自在智하야 拔諸見毒하며

또 반야바라밀을 연설하여 바른 소견을 열어 보이어
모든 중생들로 하여금 자유자재한 지혜를 좋아하고 모
든 나쁜 소견의 독한 살을 뽑게 하였습니다.

우 위 연 설 수 순 세 간 종 종 소 작   영 제 중 생
又爲演說隨順世間種種所作하야 令諸衆生으로

수 이 생 사   이 어 제 취   자 재 수 생
雖離生死나 而於諸趣에 自在受生하며

또 세간을 따라서 갖가지 짓는 일을 연설하여 모든

중생들로 하여금 비록 생사를 여의었으나 여러 길에서
뜻대로 태어나게 하였습니다.

우위시현신통변화　　설수명자재　　영제
又爲示現神通變化하야 說壽命自在하야 令諸

중생　　발대서원
衆生으로 發大誓願하며

　또 신통변화를 나타내 보이며 목숨에서 자재함을 말
하여 모든 중생들로 하여금 큰 서원을 내게 하였습니다.

우위연설성취총지력　　출생대원력　　정치
又爲演說成就總持力과 出生大願力과 淨治

삼매력　　자재수생력
三昧力과 自在受生力하며

　또 총지를 성취하는 힘과 큰 서원을 내는 힘과 삼매
를 깨끗이 다스리는 힘과 뜻대로 태어나는 힘을 연설하
였습니다.

우 위 연 설 종 종 제 지   소 위 보 지 중 생 제 근 지
又爲演說種種諸智하니 所謂普知衆生諸根智

보 지 일 체 심 행 지   보 지 여 래 십 력 지   보 지 제
와 普知一切心行智와 普知如來十力智와 普知諸

불 자 재 지   여 시 소 작   주 변 법 계
佛自在智니 如是所作이 周徧法界하니라

또 갖가지 지혜를 연설하니 중생들의 근성을 두루
아는 지혜와, 모든 이의 마음과 행을 두루 아는 지혜와,
여래의 열 가지 힘을 아는 지혜와, 모든 부처님의 자재
함을 아는 지혜이니, 이와 같이 하는 일이 법계에 두루
하였습니다.

머리 위에서 보살들이 나와 온갖 보살행을 실천하는 내
용을 낱낱이 열거하였다. 보시와 지계와 인욕 등 육바라밀
과 큰 서원 등을 위주로 찬탄하였는데 보살의 실천행은 육
바라밀과 중생을 위한 서원과 사섭법과 사무량심이 중심
이다.

(14) 정수리에서 나온 여래의 몸

종기정상　출무수백천억여래신　기신
從其頂上하야 出無數百千億如來身하니 其身

무등　제상수호　청정장엄　위광혁혁　여
無等하야 諸相隨好가 淸淨莊嚴하며 威光赫奕이 如

진금산
眞金山하며

정수리로부터는 수없는 백천억 여래의 몸이 나오는데 그 몸은 같을 이가 없어 거룩한 모습과 잘생긴 모양으로 청정하게 장엄하였고, 위엄과 광명이 찬란하여 진금산과 같았습니다.

무량광명　보조시방　출묘음성　충만
無量光明이 普照十方하며 出妙音聲하야 充滿

법계　시현무량대신통력　위일체세간
法界하며 示現無量大神通力하며 爲一切世間하야

보우법우
普雨法雨하니

한량없는 광명이 시방에 두루 비치고 미묘한 음성이

법계에 가득하며, 한량없는 큰 신통력을 나타내 보이며, 모든 세간을 위하여 널리 법의 비를 내렸습니다.

소위 위좌 보리 도량 제 보살
所謂爲坐菩提道場諸菩薩하야 **雨普知平等法**

우보 지 평등 법

우
雨하며

이른바 보리도량에 앉은 모든 보살을 위해서는 평등을 두루 아는 법의 비를 내렸습니다.

위 관정 위 제 보살
爲灌頂位諸菩薩하야 **雨入普門法雨**하며

우 입 보 문 법 우

정수리에 물을 붓는 지위의 모든 보살을 위해서는 넓은 문에 들어가는 법의 비를 내렸습니다.

위 법 왕 자 위 제 보살
爲法王子位諸菩薩하야 **雨普莊嚴法雨**하며

우 보 장 엄 법 우

법왕자 지위의 모든 보살을 위해서는 두루 장엄하는 법의 비를 내렸습니다.

위 동 자 위 제 보 살　　우 견 고 산 법 우
爲童子位諸菩薩하야 **雨堅固山法雨**하며

동자의 지위에 있는 모든 보살을 위해서는 견고한 산의 법의 비를 내렸습니다.

위 불 퇴 위 제 보 살　　우 해 장 법 우
爲不退位諸菩薩하야 **雨海藏法雨**하며

물러나지 않는 지위의 모든 보살을 위해서는 바다 창고[海藏] 법의 비를 내렸습니다.

위 성 취 정 심 위 제 보 살　　우 보 경 계 법 우
爲成就正心位諸菩薩하야 **雨普境界法雨**하며

바른 마음을 성취한 지위의 모든 보살을 위해서는

넓은 경계의 법의 비를 내렸습니다.

위 방 편 구 족 위 제 보 살   우 자 성 문 법 우
爲方便具足位諸菩薩하야 **雨自性門法雨**하며

방편이 구족한 지위의 모든 보살을 위해서는 자성문
의 법의 비를 내렸습니다.

위 생 귀 위 제 보 살   우 수 순 세 간 법 우
爲生貴位諸菩薩하야 **雨隨順世間法雨**하며

귀한 집에 태어나는 지위의 모든 보살을 위해서는
세간을 수순하는 법의 비를 내렸습니다.

위 수 행 위 제 보 살   우 보 비 민 법 우
爲修行位諸菩薩하야 **雨普悲愍法雨**하며

수행하는 지위의 모든 보살을 위해서는 두루 가엾이
여기는 법의 비를 내렸습니다.

위 신 학 제 보 살　　우 적 집 장 법 우
爲新學諸菩薩_{하야} **雨積集藏法雨**_{하며}

새로 배우는 모든 보살을 위해서는 모아 쌓은 창고
의 법의 비를 내렸습니다.

위 초 발 심 제 보 살　　우 섭 중 생 법 우
爲初發心諸菩薩_{하야} **雨攝衆生法雨**_{하며}

처음 마음을 낸 모든 보살을 위해서는 중생을 거둬
주는 법의 비를 내렸습니다.

위 신 해 제 보 살　　우 무 진 경 계 보 현 전 법 우
爲信解諸菩薩_{하야} **雨無盡境界普現前法雨**_{하며}

믿고 이해하는 모든 보살을 위해서는 그지없는 경계
가 앞에 나타나는 법의 비를 내렸습니다.

위 색 계 제 중 생　　우 보 문 법 우
爲色界諸衆生_{하야} **雨普門法雨**_{하며}

색계色界의 모든 중생들을 위해서는 넓은 문의 법의 비를 내렸습니다.

위 제 범 천   우 보 장 법 우
爲諸梵天하야 **雨普藏法雨**하며

모든 범천들을 위해서는 넓은 창고 법의 비를 내렸습니다.

위 제 자 재 천   우 생 력 법 우
爲諸自在天하야 **雨生力法雨**하며

모든 자재천을 위해서는 힘을 내는 법의 비를 내렸습니다.

위 제 마 중   우 심 당 법 우
爲諸魔衆하야 **雨心幢法雨**하며

모든 마군의 무리를 위해서는 마음의 깃발 법의 비

를 내렸습니다.

　위 제 화 락 천　　우 정 념 법 우
爲諸化樂天하야 **雨淨念法雨**하며

모든 화락천을 위해서는 깨끗한 생각의 법의 비를
내렸습니다.

　위 제 도 솔 천　　우 생 의 법 우
爲諸兜率天하야 **雨生意法雨**하며

모든 도솔천을 위해서는 뜻을 내는 법의 비를 내렸
습니다.

　위 제 야 마 천　　우 환 희 법 우
爲諸夜摩天하야 **雨歡喜法雨**하며

모든 야마천을 위해서는 환희한 법의 비를 내렸습니다.

위 제 도 리 천 　 우 질 장 엄 허 공 계 법 우
爲諸忉利天하야 雨疾莊嚴虛空界法雨하며

모든 도리천을 위해서는 허공계를 빨리 장엄하는 법의 비를 내렸습니다.

위 제 야 차 왕 　 우 환 희 법 우
爲諸夜叉王하야 雨歡喜法雨하며

모든 야차왕을 위해서는 즐거운 법의 비를 내렸습니다.

위 제 건 달 바 왕 　 우 금 강 륜 법 우
爲諸乾闥婆王하야 雨金剛輪法雨하며

모든 건달바왕을 위해서는 금강바퀴 법의 비를 내렸습니다.

위 제 아 수 라 왕 　 우 대 경 계 법 우
爲諸阿修羅王하야 雨大境界法雨하며

모든 아수라왕을 위해서는 큰 경계 법의 비를 내렸습니다.

위 제 가 루 라 왕　　 우 무 변 광 명 법 우
爲諸迦樓羅王하야 **雨無邊光明法雨**하며

모든 가루라왕을 위해서는 그지없는 광명 법의 비를 내렸습니다.

위 제 긴 나 라 왕　　 우 일 체 세 간 수 승 지 법 우
爲諸緊那羅王하야 **雨一切世間殊勝智法雨**하며

모든 긴나라왕을 위해서는 모든 세간의 훌륭한 지혜 법의 비를 내렸습니다.

위 제 인 왕　　 우 무 낙 착 법 우
爲諸人王하야 **雨無樂着法雨**하며

모든 사람의 왕을 위해서는 즐거운 데 집착하지 않는 법의 비를 내렸습니다.

위 제 용 왕　　우 환 희 당 법 우
爲諸龍王하야 雨歡喜幢法雨하며

모든 용왕을 위해서는 환희한 깃발 법의 비를 내렸
습니다.

위 제 마 후 라 가 왕　　우 대 휴 식 법 우
爲諸摩睺羅伽王하야 雨大休息法雨하며

모든 마후라가왕을 위해서는 크게 쉬는 법의 비를
내렸습니다.

위 제 지 옥 중 생　　우 정 념 장 엄 법 우
爲諸地獄衆生하야 雨正念莊嚴法雨하며

모든 지옥 중생들을 위해서는 바른 생각으로 장엄하
는 법의 비를 내렸습니다.

위 제 축 생　　우 지 혜 장 법 우
爲諸畜生하야 雨智慧藏法雨하며

모든 축생들을 위해서는 지혜 갈무리 법의 비를 내렸습니다.

위 염 라 왕 계 중 생　　우 무 외 법 우
爲閻羅王界衆生하야 **雨無畏法雨**하며

염라왕 세계의 중생들을 위해서는 두려움 없는 법의 비를 내렸습니다.

위 제 액 난 처 중 생　　우 보 안 위 법 우　　실 령
爲諸厄難處衆生하야 **雨普安慰法雨**하야 **悉令**

득 입 현 성 중 회　　여 시 소 작　　충 만 법 계
得入賢聖衆會니 **如是所作**이 **充滿法界**하나라

모든 액난이 있는 중생들을 위해서는 널리 위로하는 법의 비를 내리어 모두 성현의 무리에 들게 하였으니, 이와 같이 하는 일이 법계에 가득하였습니다.

해당비구 선지식이 깊은 삼매에 들어가서 수승한 작용을

펼쳐 보이는 내용들이 길게 설명되었다. 맨 처음에는 발바닥으로부터 무수 백천억 장자와 거사와 바라문이 가지가지 장엄구로 그 몸을 장엄한 것을 내었다. 다음에는 무릎에서, 허리에서, 옆구리에서, 가슴에서, 등에서, 어깨에서, 배에서 등 해당비구의 몸 전체에서 온갖 작용을 나타내 보이다가 마지막에는 정수리에서 여래의 몸을 내어 가지가지 수준과 근기를 따라 그에 알맞은 법을 설하는 것을 나타내보였다.

　어떤 경로를 통해서 세상에 출현하시더라도 여래가 하시는 일은 한결같이 설법으로 진리의 가르침을 전하는 일뿐이다. 해당비구 선지식의 삼매의 작용은 이와 같았다.

3) 해당비구가 모공에서 광명을 놓다

　　해당비구　　우어기신일체모공　　일일개출
　　海幢比丘가 **又於其身一切毛孔**에 **一一皆出**

　아승지불찰미진수광명망　　　일일광명망
　阿僧祇佛刹微塵數光明網이어든 **一一光明網**이

구 아 승 지 색 상　　아 승 지 장 엄　　아 승 지 경 계　　아
俱阿僧祇色相과 **阿僧祇莊嚴**과 **阿僧祇境界**와 **阿**

승 지 사 업　　충 만 시 방 일 체 법 계
僧祇事業하야 **充滿十方一切法界**하니라

　해당비구는 또 그 몸에 있는 모든 모공마다 낱낱이 아승지 세계의 미진수 광명 그물을 내고, 낱낱 광명그물마다 아승지 색상과 아승지 장엄과 아승지 경계와 아승지 사업을 갖추어서 시방의 모든 법계에 가득하였습니다.

　불법은 어떤 경전에서든지 깨달음의 지혜를 가장 우선으로 여긴다. 그러나 그 깨달음의 지혜는 볼 수 없고 들을 수 없는 것이므로 늘 광명으로 그 의미를 대신한다. 해당비구 선지식이 깊은 삼매에 들어가서 수승한 작용을 펼쳐 보이고 나서 다시 몸의 낱낱 모공에서 광명을 놓아 무수한 색상과 무수한 장엄과 무수한 경계와 무수한 사업을 갖추어서 시방의 모든 법계에 가득하였음을 밝혔다.

4) 해당비구의 삼매의 힘을 사유 관찰하다

이시   선재동자   일심관찰해당비구   심
爾時에 善財童子가 一心觀察海幢比丘하고 深

생갈앙   억념피삼매해탈   사유피부사의
生渴仰하야 憶念彼三昧解脫하며 思惟彼不思議

보살삼매   사유피부사의이익중생방편해
菩薩三昧하며 思惟彼不思議利益衆生方便海하며

그때에 선재동자는 일심으로 해당비구를 관찰하면서
깊이 앙모하여 그 삼매의 해탈을 생각하고, 그 부사의
한 보살의 삼매를 생각하고, 그 부사의하게 중생을 이
익하게 하는 방편 바다를 생각하였습니다.

사유피부사의무작용보장엄문   사유피장
思惟彼不思議無作用普莊嚴門하며 思惟彼莊

엄법계청정지   사유피수불가지지   사유
嚴法界淸淨智하며 思惟彼受佛加持智하며 思惟

피출생보살자재력   사유피견고보살대원력
彼出生菩薩自在力하며 思惟彼堅固菩薩大願力

사 유 피 증 광 보 살 제 행 력
하며 思惟彼增廣菩薩諸行力하야

그 부사의한 작용이 없이 널리 장엄하는 문을 생각
하고, 그 법계를 장엄하는 청정한 지혜를 생각하고, 그
부처님 가지加持를 받는 지혜를 생각하고, 그 보살의 자
재함을 내는 힘을 생각하고, 그 보살을 견고히 하는 큰
서원의 힘을 생각하고, 그 보살의 모든 행을 증장하는
힘을 생각하였습니다.

해당비구 선지식이 깊은 삼매에 들어가서 온몸에서 갖가
지 모습을 나타내 보이는 수승한 작용을 선재동자는 일일
이 사유하고 관찰하였다.

여 시 주 립 사 유 관 찰   경 일 일 일 야   내 지
如是住立思惟觀察하야 經一日一夜하며 乃至

경 어 칠 일 칠 야   반 월 일 월   내 지 유 월   부 경
經於七日七夜와 半月一月과 乃至六月하고 復經

육 일   과 차 이 후   해 당 비 구   종 삼 매 출
六日하니 過此已後에 海幢比丘가 從三昧出이시니라

이와 같이 서서 생각하고 관찰하기를 하루 낮과 하룻밤을 지내고, 칠일 칠야와 보름, 한 달, 여섯 달을 지내고, 또 엿새를 지냈습니다. 이렇게 지낸 뒤에 해당비구는 삼매에서 나왔습니다.

선재동자가 해당비구 선지식이 깊은 삼매에 들어가서 온몸에서 갖가지 모습을 나타내 보이는 수승한 작용을 사유하고 관찰하는 데 무려 6개월과 6일이 걸렸다. 그 뒤에 해당비구는 삼매에서 나오게 되었다.

5) 선재동자가 삼매를 찬탄하고 그 이름을 묻다

선재동자가 讚言호대 聖者여 希有奇特이니다 如
此三昧가 最爲甚深이며 如此三昧가 最爲廣大며

如此三昧가 境界無量이며

선재동자가 찬탄하였습니다. "거룩하신 이여, 희유
하고 기특하십니다. 이와 같은 삼매는 가장 깊으며, 이
와 같은 삼매는 가장 광대하며, 이와 같은 삼매는 경계
가 한량이 없습니다."

여차삼매　신력난사　　여차삼매　　광명무등
如此三昧가 **神力難思**며 **如此三昧**가 **光明無等**

여차삼매　장엄무수　여차삼매　위력난
이며 **如此三昧**가 **莊嚴無數**며 **如此三昧**가 **威力難**

제
制며

"이와 같은 삼매는 신력을 생각하기 어려우며, 이와
같은 삼매는 광명이 비길 데 없으며, 이와 같은 삼매는
장엄이 수가 없으며, 이와 같은 삼매는 위신의 힘을 제
어하기 어렵습니다."

여차삼매　경계평등　　여차삼매　보조시
如此三昧가 **境界平等**이며 **如此三昧**가 **普照十**

방   여차삼매   이익무한   이능제멸일체중
方이며 **如此三昧**가 **利益無限**하야 **以能除滅一切衆**

생   무 량 고 고
生의 **無量苦故**니다

"이와 같은 삼매는 경계가 평등하며, 이와 같은 삼매
는 시방을 두루 비추며, 이와 같은 삼매는 이익이 한이
없어서, 능히 모든 중생의 한량없는 괴로움을 제거합
니다."

해당비구 선지식이 깊은 삼매에 들어가서 온몸에서 갖가
지 모습을 나타내 보이는 수승한 작용을 본 선재동자는 그
삼매를 높이 찬탄하였다. 이와 같은 삼매는 가장 깊으며, 가
장 광대하며, 경계는 한량이 없으며, 신력을 생각하기 어려
우며, 광명이 비길 데 없으며, 장엄이 수가 없는 등을 열거하
여 찬탄하였다.

소 위 능 령 일 체 중 생   이 빈 고 고   출 지 옥 고
所謂能令一切衆生으로 **離貧苦故**며 **出地獄故**며

면축생고　폐제난문고　개인천도고　영인천
免畜生故며 閉諸難門故며 開人天道故며 令人天

중생희락고
衆生喜樂故며

"이른바 모든 중생으로 하여금 가난한 고통을 여의
게 하는 까닭이며, 지옥에서 벗어나게 하는 까닭이며,
축생을 면하게 하는 까닭이며, 모든 액난의 문을 닫게
하는 까닭이며, 사람과 하늘의 길을 열게 하는 까닭이
며, 인간과 천상의 중생을 기쁘게 하는 까닭입니다."

수승한 삼매를 찬탄하는 까닭을 일일이 들어 밝혔다. 모
든 중생으로 하여금 가난한 고통을 여의게 하는 까닭이며,
지옥에서 벗어나게 하는 까닭이며, 축생을 면하게 하는 까
닭이라 하였다.

영기애락선경계고　능령증장유위락고
令其愛樂禪境界故며 能令增長有爲樂故며

능위현시출유락고　능위인발보리심고　능사
能爲顯示出有樂故며 能爲引發菩提心故며 能使

증 장 복 지 행 고
增長福智行故며

"선정의 경계를 사랑하게 하는 까닭이며, 능히 함이
있는 즐거움을 늘게 하는 까닭이며, 능히 생사에서 벗
어나는 즐거움을 나타내는 까닭이며, 능히 보리심을 이
끌어 내는 까닭이며, 능히 복과 지혜의 행을 증장케 하
는 까닭입니다."

능 령 증 장 대 비 심 고   능 령 생 기 대 원 력 고   능
能令增長大悲心故며 **能令生起大願力故**며 **能**

령 명 료 보 살 도 고   능 사 장 엄 구 경 지 고   능 령 취
令明了菩薩道故며 **能使莊嚴究竟智故**며 **能令趣**

입 대 승 경 고
入大乘境故며

"능히 가엾이 여기는 마음을 증장케 하는 까닭이며,
능히 큰 서원의 힘을 일으키게 하는 까닭이며, 능히 보
살의 도를 분명히 알게 하는 까닭이며, 능히 가장 높은
지혜를 장엄하게 하는 까닭이며, 능히 대승의 경지에
나아가게 하는 까닭입니다."

능령조요보현행고　　능령증득제보살지지
能令照了普賢行故며 能令證得諸菩薩地智

광명고　　능령성취일체보살제원행고　　능령
光明故며 能令成就一切菩薩諸願行故며 能令

안주일체지지경계중고　　　성자　차삼매자
安住一切智智境界中故니이다 聖者여 此三昧者가

명위하등
名爲何等이니잇고

"능히 보현의 행을 비추게 하는 까닭이며, 능히 보살
지위의 지혜 광명을 증득케 하는 까닭이며, 능히 모든
보살의 원과 행을 성취하게 하는 까닭이며, 능히 일체
지혜의 지혜 경계에 머물게 하는 까닭입니다. 거룩하신
이여, 이 삼매의 이름을 무엇이라 합니까?"

수승한 삼매를 찬탄하는 까닭을 다시 낱낱이 들어 밝히
고 그 삼매의 이름이 무엇인가에 대해서 물었다. 실로 해당
비구 선지식이 깊은 삼매에 들어가서 온몸에서 갖가지 모습
을 나타내 보이는 수승한 작용은 전무후무한 광경이다.

6) 해당비구가 삼매에 대하여 설하다

해당비구 언 선남자 차삼매 명보안
海幢比丘가 言하사대 善男子야 此三昧가 名普眼

사득 우명반야바라밀경계청정광명 우명
捨得이며 又名般若波羅蜜境界淸淨光明이며 又名

보장엄청정문
普莊嚴淸淨門이니

해당비구가 말하였습니다. "선남자여, 이 삼매의 이
름은 '넓은 눈으로 얻음을 버림'이라고도 하고, '반야바
라밀다 경계의 청정한 광명'이라고도 하고, '두루 장엄
한 청정한 문'이라고도 합니다."

해당비구가 들어간 삼매의 작용이 불가사의하였듯이 삼
매의 이름 또한 단순하지 않고 세 가지나 된다고 밝혔다.

선남자 아이수습반야바라밀고 득차보
善男子야 我以修習般若波羅蜜故로 得此普

장엄 청정 삼매 등 백만 아 승 지 삼매
莊嚴淸淨三昧等百萬阿僧祇三昧호라

"선남자여, 나는 반야바라밀다를 닦았으므로 이 두루 장엄한 청정한 삼매 등 백만 아승지 삼매를 얻었습니다."

선재동자 언 성자 차 삼매 경계 구경
善財童子가 言호대 聖者여 此三昧境界가 究竟

유여시야 해당 언 선남자 입 차 삼매
唯如是耶잇가 海幢이 言하사대 善男子야 入此三昧

시 요지일체세계 무소장애
時에 了知一切世界호대 無所障礙하며

선재동자가 말하였습니다. "거룩하신 이여, 이 삼매의 경계가 구경에 오직 이와 같습니까?" 해당비구가 말하였습니다. "선남자여, 이 삼매에 들었을 때에는 모든 세계를 아는 데 장애가 없습니다."

선재동자는 그 삼매의 작용에 대해서 더 이상의 작용은

없는가를 물었다. 해당비구는 이 삼매에 들어갔을 때 여러 가지에 장애가 없음을 밝히고 있다. 모든 세계를 알고, 모든 세계에 나아가고, 모든 세계를 초과하고, 모든 세계를 장엄하는 등에 장애가 없음을 밝혔다.

왕 예 일 체 세 계　　무 소 장 애　　초 과 일 체 세
往詣一切世界호대 無所障礙하며 超過一切世

계　　무 소 장 애　　장 엄 일 체 세 계　　무 소 장 애
界호대 無所障礙하며 莊嚴一切世界호대 無所障礙

　　수 치 일 체 세 계　　무 소 장 애
하며 修治一切世界호대 無所障礙하며

"모든 세계에 가는 데 장애가 없으며, 모든 세계를 초과하는 데 장애가 없으며, 모든 세계를 장엄하는 데 장애가 없으며, 모든 세계를 다스리는 데 장애가 없습니다."

엄 정 일 체 세 계　　무 소 장 애　　견 일 체 불
嚴淨一切世界호대 無所障礙하며 見一切佛호대

무소장애　　관일체불광대위덕　　무소장애
無所障礙하며 觀一切佛廣大威德호대 無所障礙하며

지일체불자재신력　　무소장애
知一切佛自在神力호대 無所障礙하며

"모든 세계를 깨끗이 하는 데 장애가 없으며, 모든
부처님을 보는 데 장애가 없으며, 모든 부처님의 광대
한 위엄과 덕을 관찰하는 데 장애가 없으며, 모든 부처
님의 자재한 신통의 힘을 아는 데 장애가 없습니다."

증일체불제광대력　　무소장애　　입일체
證一切佛諸廣大力호대 無所障礙하며 入一切

불제공덕해　　무소장애　　수일체불무량묘
佛諸功德海호대 無所障礙하며 受一切佛無量妙

법　　무소장애
法호대 無所障礙하며

"모든 부처님의 광대한 힘을 증득하는 데 장애가 없
으며, 모든 부처님의 공덕 바다에 들어가는 데 장애가
없으며, 모든 부처님의 한량없는 묘한 법을 받는 데 장
애가 없습니다."

입 일 체 불 법 중　　수 습 묘 행　　무 소 장 애
入一切佛法中하야 修習妙行호대 無所障礙하며

증 일 체 불 전 법 륜 평 등 지　　무 소 장 애　　입 일
證一切佛轉法輪平等智호대 無所障礙하며 入一

체 세 불 중 회 도 량 해　　무 소 장 애
切諸佛眾會道場海호대 無所障礙하며

"모든 부처님의 법 가운데 들어가서 묘한 행을 닦는
데 장애가 없으며, 모든 부처님이 법륜을 굴리는 평등
한 지혜를 증득하는 데 장애가 없으며, 모든 부처님
의 대중이 모인 도량 바다에 들어가는 데 장애가 없습
니다."

관 시 방 불 법　　무 소 장 애　　대 비 섭 수 시 방
觀十方佛法호대 無所障礙하며 大悲攝受十方

중 생　　무 소 장 애　　상 기 대 자　　충 만 시 방
衆生호대 無所障礙하며 常起大慈하야 充滿十方호대

무 소 장 애　　견 시 방 불　　심 무 염 족　　무 소 장 애
無所障礙하며 見十方佛에 心無厭足호대 無所障礙

하며

"시방 부처님의 법을 관찰하는 데 장애가 없으며, 크게 가엾이 여기므로 시방 중생을 거둬 주는 데 장애가 없으며, 크게 인자함을 항상 일으켜 시방에 충만하는 데 장애가 없으며, 시방 부처님을 보되 싫어하는 마음이 없는 데 장애가 없습니다."

入一切衆生海호대 無所障礙하며 知一切衆生

根海호대 無所障礙하며 知一切衆生諸根差別智

호대 無所障礙니라

"모든 중생 바다에 들어가는 데 장애가 없으며, 모든 중생의 근성 바다를 아는 데 장애가 없으며, 모든 중생의 근기와 차별한 지혜를 아는 데 장애가 없습니다."

해당비구는 이 삼매에 들어갔을 때 모든 세계에서도 장애가 없으며, 모든 부처님을 보고, 모든 부처님의 광대한 위엄과 덕을 관찰하고, 모든 부처님의 자재한 신통의 힘을 아는 등에도 장애가 없음을 밝혔다.

7) 자기는 겸손하고 다른 이의 수승함을 추천하다

善男子_야 我唯知此一般若波羅蜜三昧光明

이어니와 如諸菩薩_은 入智慧海_{하야} 淨法界境_{하며} 達

一切趣_{하야} 徧無量刹_{하며} 總持自在_{하야} 三昧淸淨

하며 神通廣大_{하야} 辯才無盡_{하며} 善說諸地_{하야} 爲衆

生依_{하나니}

"선남자여, 나는 오직 이 한 가지 반야바라밀다삼매의 광명만을 알거니와 저 모든 보살들은 지혜 바다에 들어가며, 법계의 경계를 깨끗이 하며, 모든 길을 통달하며, 한량없는 세계에 두루 하며, 총지가 자재하며, 삼매가 청정하며, 신통이 광대하며, 변재가 다하지 않으며, 여러 지위를 잘 말하며, 중생의 의지가 됩니다."

이 아 하 능 지 기 묘 행　　변 기 공 덕　　요 기 소 행
而我何能知其妙行이며 辯其功德이며 了其所行

명 기 경 계　구 기 원 력　　입 기 요 문　　달 기 소
이며 明其境界며 究其願力이며 入其要門이며 達其所

증　　설 기 도 분　　주 기 삼 매　견 기 심 경　　득 기
證이며 說其道分이며 住其三昧며 見其心境이며 得其

소 유 평 등 지 혜
所有平等智慧리오

"그러나 제가 어떻게 그 묘한 행을 알며, 그 공덕을 말하며, 그 행할 것을 알며, 그 경계를 밝히며, 그 원력을 끝까지 마치며, 그 중요한 문에 들어가며, 그 증득한 것을 통달하며, 그 도의 부분을 말하며, 그 삼매에 머물며, 그 마음의 경지를 보며, 그 가진 바가 평등한 지혜를 얻겠습니까?"

해당비구 선지식은 그와 같은 수승한 삼매의 작용을 나

타내 보이고도 스스로는 부족하다고 겸손해하시고 보다 수
승한 선지식을 추천하였다. 이것이 진실로 바람직한 선지식
의 자세이다. 아만이 탱천撑天해서 자기만 잘났고 다른 이는
안중에 없다고 여긴다면 어찌 선지식이라 하겠는가.

8) 다음 선지식 찾기를 권유하다

善男子야 從此南行에 有一住處하니 名日海潮요
彼有園林하니 名普莊嚴이며 於其園中에 有優婆夷
하니 名日休捨니 汝往彼間호대 菩薩이 云何學菩薩
行이며 修菩薩道리잇고하라

"선남자여, 여기서 남방으로 가면 한 곳이 있으니 이
름이 해조海潮요, 거기에 동산이 있으니 이름이 보장엄普
莊嚴이며, 그 동산에 우바이가 있으니 이름이 휴사休捨라

합니다. 그대는 그에게 가서 '보살이 어떻게 보살의 행을 배우며 보살의 도를 닦습니까?'라고 물으십시오."

다음의 선지식에게 가서 질문할 내용을 이렇게 일러 주신다. '보살이 어떻게 보살의 행을 배우며 보살의 도를 닦습니까?' 불교란 자나 깨나 보살행이며, 앉으나 서나 보살행이며, 가나 오나 보살행이다. 달리 무슨 일이 있겠는가.

時_시에 善財童子_{선재동자}가 於海幢比丘所_{어해당비구소}에 得堅固身_{득견고신}하며

獲妙法財_{획묘법재}하며 入深境界_{입심경계}하며 智慧明徹_{지혜명철}하며 三昧照_{삼매조}

耀_요하며 住淸淨解_{주청정해}하며 見甚深法_{견심심법}하며

그때에 선재동자가 해당비구에게서 견고한 몸을 얻고, 묘한 법의 재물을 얻었으며, 깊은 경계에 들어가서, 지혜가 밝게 통달하고, 삼매가 환히 비치며, 청정한 이해에 머물러, 깊고 깊은 법을 보았습니다.

기 심 안 주 제 청 정 문　　지 혜 광 명　　충 만 시 방
其心安住諸清淨門하며 智慧光明이 充滿十方

심 생 환 희　　용 약 무 량　　오 체 투 지　　정 례
하야 心生歡喜하야 踊躍無量하며 五體投地하야 頂禮

기 족　　요 무 량 잡　　공 경 첨 앙
其足하며 繞無量帀하야 恭敬瞻仰하며

　그 마음은 청정한 문에 편안히 머물고, 지혜의 광명
이 시방에 가득하여 환희한 마음으로 한량없이 뛰놀며,
오체를 땅에 엎드려 그의 발에 절하고 한량없이 돌고
공경하고 앙모하였습니다.

사 유 관 찰　　자 차 연 모　　지 기 명 호　　상 기
思惟觀察하고 咨嗟戀慕하야 持其名號하며 想其

용 지　　염 기 음 성　　사 기 삼 매　　급 피 대 원 소
容止하며 念其音聲하며 思其三昧와 及彼大願所

행 경 계　　수 기 지 혜 청 정 광 명　　사 퇴 이 행
行境界하며 受其智慧淸淨光明하고 辭退而行하니라

　사유하고 관찰하며 찬탄하고 앙모하여 그 이름을 지
니고, 그 동작을 생각하고, 그 음성을 기억하고, 그 삼

매와 그의 큰 서원과 행하는 경계를 생각하며, 그 지혜
와 청정한 광명을 받으면서 하직하고 물러갔습니다.

선재동자가 해당비구 선지식에게서 얻은 법을 다시 정리
하여 밝혔다. 견고한 몸을 얻고, 묘한 법의 재물을 얻었으
며, 깊은 경계에 들어가서 지혜가 밝게 통달하고, 삼매가 환
히 비치게 된 것 등의 내용이다.

입법계품 4 끝

〈제63권 끝〉

華嚴經 構成表

分次	周次		內容	品數	會次
舉果勸樂生信分 (信)	所信因果周		如來依正	世主妙嚴品 第一 如來現相品 第二 普賢三昧品 第三 世界成就品 第四 華藏世界品 第五 毘盧遮那品 第六	初會
修因契果生解分 (解)	差別因果周	差別因	十信	如來名號品 第七 四聖諦品 第八 光明覺品 第九 菩薩問明品 第十 淨行品 第十一 賢首品 第十二	二會
			十住	昇須彌山頂品 第十三 須彌頂上偈讚品 第十四 十住品 第十五 梵行品 第十六 初發心功德品 第十七 明法品 第十八	三會
			十行	昇夜摩天宮品 第十九 夜摩天宮偈讚品 第二十 十行品 第二十一 十無盡藏品 第二十二	四會
			十廻向	昇兜率天宮品 第二十三 兜率宮中偈讚品 第二十四 十廻向品 第二十五	五會
			十地	十地品 第二十六	六會
			等覺	十定品 第二十七 十通品 第二十八 十忍品 第二十九 阿僧祇品 第三十 如來壽量品 第三十一 菩薩住處品 第三十二	七會
		差別果	妙覺	佛不思議法品 第三十三 如來十身相海品 第三十四 如來隨好光明功德品 第三十五	
	平等因果周	平等因		普賢行品 第三十六	
		平等果		如來出現品 第三十七	
托法進修成行分 (行)	成行因果周		二千行門	離世間品 第三十八	八會
依人證入成德分 (證)	證入因果周		證果法門	入法界品 第三十九	九會

會場	放光別	會主	入定別	說法別舉
菩提場	遮那放齒光眉間光	普賢菩薩爲會主	入毘盧藏身三昧	如來依正法
普光明殿	世尊放兩足輪光	文殊菩薩爲會主	此會不入定・信未入位故	十信法
忉利天宮	世尊放兩足指光	法慧菩薩爲會主	入無量方便三昧	十住法門
夜摩天宮	如來放兩足趺光	功德林菩薩爲會主	入菩薩善思惟三昧	十行法門
兜率天宮	如來放兩膝輪光	金剛幢菩薩爲會主	入菩薩智光三昧	十廻向法門
他化天宮	如來放眉間毫相光	金剛藏菩薩爲會主	入菩薩大智慧光明三昧	十地法門
再會普光明殿	如來放眉間口光	如來爲會主	入刹那際三昧	等妙覺法門
三會普光明殿	此會佛不放光・表行依解法依解光故	普賢菩薩爲會主	入佛華莊嚴三昧	二千行門
祇陀園林	放眉間白毫光	如來善友爲會主	入獅子頻申三昧	果法門

如天 無比

1943년 영덕에서 출생하였다. 1958년 출가하여 덕흥사, 불국사, 범어사를 거쳐 1964년 해인사 강원을 졸업하고 동국역경연수원에서 수학하였다. 10여 년 선원생활을 하고 1976년 탄허스님에게 화엄경을 수학하고 전법, 이후 통도사 강주, 범어사 강주, 은해사 승가대학원장, 대한불교조계종 교육원장, 동국역경원장, 동화사 한문불전승가대학원장 등을 역임하였다.

현재 부산 문수선원 문수경전연구회에서 150여 명의 스님과 300여 명의 재가 신도들에게 화엄경을 강의하고 있다. 또한 다음 카페 '염화실'(http://cafe.daum.net/yumhwasil)을 통해 '모든 사람을 부처님으로 받들어 섬김으로써 이 땅에 평화와 행복을 가져오게 한다.'는 인불사상(人佛思想)을 펼치고 있다.

저서로『무비스님의 왕복서 강설』,『무비스님이 풀어 쓴 김시습의 법성게 선해』,『법화경 법문』,『신금강경 강의』,『직지 강설』(전 2권),『법화경 강의』(전 2권),『신심명 강의』,『임제록 강설』,『대승찬 강설』,『유마경 강설』,『당신은 부처님』,『사람이 부처님이다』,『이것이 간화선이다』,『무비 스님과 함께하는 불교공부』,『무비 스님의 중도가 강의』,『일곱 번의 작별인사』, 무비 스님이 가려 뽑은 명구 100선 시리즈(전 4권) 등이 있고 편찬하고 번역한 책으로『화엄경(한글)』(전 10권),『화엄경(한문)』(전 4권),『금강경 오가해』등이 있다.

대방광불화엄경 강설 제63권

| 초판 1쇄 발행_ 2017년 6월 29일
| 초판 2쇄 발행_ 2019년 4월 12일

| 지은이_ 여천 무비(如天 無比)
| 펴낸이_ 오세룡
| 편집_ 박성화 손미숙 김정은 정선경 이연희
| 기획_ 최은영 곽은영
| 디자인_ 고혜정 김효선 장혜정
| 홍보 마케팅_ 이주하
| 펴낸곳_ 담앤북스
　　　서울특별시 종로구 새문안로3길 23 경희궁의 아침 4단지 805호
　　　대표전화 02)765-1251 전송 02)764-1251 전자우편 damnbooks@hanmail.net
　　　출판등록 제300-2011-115호
| ISBN　979-11-87362-85-2　04220

정가 14,000원

入法界品三十九之四